Klassische Wildküche

Annabelle Fagner/Tilmann Schempp

Klassische Wildküche

JAN THORBECKE VERLAG

FSC
Mix
Produktgruppe aus vorbildlich bewirtschafteten Wäldern, kontrollierten Herkünften und Recyclingholz oder -fasern
www.fsc.org Zert.-Nr. GFA-COC-001575
© 1996 Forest Stewardship Council

Für die Schwabenverlag AG ist Nachhaltigkeit ein wichtiger Maßstab ihres Handelns. Wir achten daher auf den Einsatz umweltschonender Ressourcen und Materialien.
Dieses Buch wurde auf FSC-zertifiziertem Papier gedruckt. FSC (Forest Stewardship Council) ist eine nicht staatliche, gemeinnützige Organisation, die sich für eine ökologische und sozial verantwortliche Nutzung der Wälder unserer Erde einsetzt.

Bibliografische Information der Deutschen Nationalbibliothek
Die Deutsche Nationalbibliothek verzeichnet diese Publikation in der Deutschen Nationalbibliografie; detaillierte bibliografische Daten sind im Internet über http://dnb.d-nb.de abrufbar.

www.thorbecke.de · info@thorbecke.de

Gestaltung:
Finken & Bumiller, Stuttgart

Gesamtherstellung:
Jan Thorbecke Verlag, Ostfildern
Hergestellt in Deutschland

ISBN 978-3-7995-3557-1

Die Autoren möchten ausdrücklich darauf hinweisen, dass in ihrem Buch mit »Jägern« selbstverständlich Jäger und Jägerinnen gemeint sind.

Inhalt

Vorwort 7

Rund um die Jagd 9
Jagdgeschichte 10
Rituale und Brauchtum 16
Jagd in der Kunst 19

Tipps zur Wildküche 21
Alles spricht für Wild – Tipps für ein gelungenes Wildgericht 22
Getränke für Jäger und Wildgenießer 24
Wildkräuter und Gewürze für Wildgerichte 30
Des Jägers Beute – die Wildfleischsorten 35

Die Rezepte 41
Marinaden und Beizen 42
Vorspeisen 47
Suppen und Eintöpfe 61
Hauptgerichte 69
Spezialitäten 95

Anhang 103
Menüvorschläge 104
Register der Rezepte 106
Literaturtipps 112
Danksagung 112
Bildnachweis 112

Vorwort

Was gleicht wohl auf Erden dem Jägervergnügen?
Carl Maria von Weber (1786–1826)

Wir alle sind auf der Jagd. Dieser Urtrieb steckt in jedem von uns. Der Archetyp des jagenden Menschen hat sich erhalten trotz der fortschreitenden Zivilisation oder gerade wegen ihr.
Dies ist nicht weiter verwunderlich, da die Jagd am Anfang der menschlichen Entwicklungsgeschichte steht und das Überleben sichern half. Ohne die Felle der wilden Tiere, ohne Knochen, aus denen die ersten Werkzeuge geschaffen wurden, und nicht zuletzt ohne das Fleisch wäre die menschliche Entwicklung nicht vorstellbar. Wie sehr die Jagd unsere frühesten Vorfahren bewegte, zeigen Höhlenmalereien und andere archäologische Funde wie Schmuck, Werkzeuge und Pfeilspitzen. Wer überlebte, Tier oder Mensch, war für unsere Urahnen stets ungewiss. Erst durch das Erlernen von strategischem Denken, durch Kommunikation, Mut und Geschicklichkeit war der Mensch zunehmend in der Lage, Beute zu erlegen. Während unsere Vorfahren noch dem Mammut nachstellten und den Säbelzahntiger jagten, sieht der moderne Jäger seine Aufgabe auch in der Aufrechterhaltung des ökologischen Gleichgewichts.

Welche geschichtliche Entwicklung steht hinter der heutigen Jagd? Wie ist das Brauchtum rund um das Jagen entstanden, woher rühren die lebendigen Traditionen, woher kommt die Faszination, die die Jagd auf so viele Menschen ausübt?
Gehen Sie mit uns auf die Pirsch, nehmen Sie mit uns die Fährte auf und entdecken Sie, wie sich im Laufe der Jahrhunderte Wildbret von einem reinen Mittel zur Deckung des Nahrungsbedarf zu einer wahren Delikatesse mit immer köstlicheren Zubereitungsarten entwickelte ...

ANNABELLE FAGNER UND
TILMANN SCHEMPP

<
Ein Anblick, der nicht nur Jägern das Herz höher schlagen lässt.

Rund um die Jagd

Jagdgeschichte

Menschen jagen schon seit jeher. Während das Jagdglück früher entscheidend für den Fortbestand einer Sippe war, dient die Jagd heute eher der Wildhege. Dabei spielt die Wildbeobachtung für den Jäger oft eine weit größere Rolle als der eigentliche Abschuss. In jedem Fall aber ist die Jagd eine menschliche Betätigung mit sehr langer Tradition, so dass ein Blick auf ihre Geschichte durchaus lohnt.
Zeugnisse der Jagd unserer Urahnen sind zum Beispiel die Höhlenmalereien von Lascaux in Frankreich oder Altamira in Spanien. Die festgehaltenen Szenen lassen viel Raum für Interpretationen. Meist zeigen die Abbildungen ein Tier, wie Bison, Hirsch oder Wildschwein, das von Jägern mit Speeren und Waffen umringt ist. Forscher betrachten die Höhlenbilder als spirituelle Darstellungen, die dazu dienten, Verbindung mit dem Tier aufzunehmen oder um Jagdglück zu bitten. Auch der archäologische Fund eines etwa vier Zentimeter kleinen und kaum sieben Gramm schweren Mammuts aus Elfenbein in der Vogelhöhle im schwäbischen Lonetal bietet Raum für verschiedenste Spekulationen. Das Mammut, dessen Alter auf über 30.000 Jahre geschätzt wird, gilt als eine der frühesten künstlerischen Darstellungen und verdeutlicht die archaische Verbindung zwischen Mensch und Tier.
Genaueres weiß man über die Jagd im alten Ägypten. Sie diente der Unterhaltung und besaß zudem religiöse Bedeutung. Die Jagd auf großes Wild war ein königliches Privileg. Die Pharaonen jagten zusammen mit dem Adel Nilpferde, weil sie ein Sinnbild für eine böse Gottheit waren und die Tiere außerdem die an den Ufern des Nils gelegenen Felder der Bauern zerstörten. Das Erlegen eines Löwen blieb allein dem Pharao vorbehalten; nur er hatte die Kraft und besiegte den König der Tiere, wie eine Abbildung auf einer Truhe aus dem Grab des Tutanchamun (14. Jh. v. Chr.) zeigt. Gleichzeitig wurde der Ibis als heiliger Vogel so sehr verehrt, dass derjenige, der ihn tötete, um sein Leben bangen musste. Neben der Großwildjagd übte man auch die Vogeljagd und den Fischfang aus. Zahlreiche Abbildungen und schriftliche Quellen berichten von hoch entwickelten Techniken wie verschiedenen Fallen, Wurfhölzern und Fangnetzen.
In der griechischen Mythologie steht die Göttin Artemis zugleich für die Jagd, den Schutz der Tiere und die unverletzbare Natur, was bereits den Jagdvorstellungen unserer Tage entspricht. Artemis wurde von einem Jüngling, der ein besessener Jäger war, beim Bade beobachtet; darüber geriet sie so in Wut, dass sie den Knaben in einen Hirsch verwandelte und ihn von seinen eigenen Hunden zu Tode hetzen und beißen ließ. Durch die Übernahme der griechischen Mythologie in die römische Götterwelt wurde aus Artemis die Göttin Diana. Sie überschritt mit den Legionären der römischen Armee die Alpen und wurde zunächst von den Christen als Schutzheilige der Jagd übernommen. Wild war im alten Griechenland und im Römischen Reich „herrenlos" und für alle da; nach den Schilderungen Homers war die Jagd jedoch auch ein gesellschaftliches Ereignis, bei dem Opfer dargebracht und Hymnen gesungen wurden. Gleichzeitig dürfte das Wildbret eine willkommene Abwechslung und Bereicherung in den Töpfen gewesen sein. Nur rund um Athen war es verboten zu jagen, da man befürchtete, dass die Fleischhändler sonst zu maßlos dem Wild nachstellen würden.

< S. 8:
Hubertusjagd beim Schloss Solitude bei Stuttgart

>
Die Jagdgöttin Diana auf einer Darstellung aus dem 16. Jahrhundert.

Ab dem 8. Jahrhundert nahmen der Adel und kirchliche Würdenträger nach und nach alle Eigentums- und Nutzungsrechte in ihren Besitz. Die Jagd wurde zum königlichen Privileg, das als Lehen vergeben wurde, wenn der Machthaber nicht selbst jagte. Während der Herrschaft Karls des Großen (um 747–814 n. Chr.) wurde eine hohe Strafe von 60 Schillingen festgelegt, wenn es zur Übertretung des „Königsbannes" kam. Dem Klerus drohten immer wieder Jagdverbote, da es in seinen Reihen besonders leidenschaftliche Jäger gab. Durch die Versicherung, Wildbret zu benötigen, um mit dem Leder die Bibel einzubinden und mit dem Fleisch die Schwachen zu verköstigen, gelang es der Geistlichkeit immer wieder, sich das Jagdrecht zu sichern. Nur in wenigen Regionen blieb das Anrecht auf niedere Jagd, also die Jagd des Niederwilds, für jedermann bestehen. Im Alltag des höfischen Lebens gewann die Feudaljagd mehr und mehr an Bedeutung; Techniken, Bräuche und Rituale erhielten sich teilweise bis in unsere Zeit.

Einer besonderen Findigkeit der mittelalterlichen Kirchenmänner verdankt der Biber, dass er zu einer beliebten Fastenspeise wurde. Eigentlich widersprach es dem Gebot des Fastens (in der vierzigtägigen Zeit zwischen Aschermittwoch und Ostern), warmblütige Tiere zu essen. Doch in den Klöstern sah man den Biber als ein Tier an, das mehr im Wasser als an Land lebte, und so wurde er kurzerhand zum Fisch erklärt, zumal der Biberschwanz (die Kelle) ein schuppenartiges Aussehen hat. Wie der „Fisch" tatsächlich zubereitet wurde, ist nicht bekannt. Das erste Kochbuch in deutscher Sprache wurde 1350 in Würzburg verfasst. Es enthält Rezepte für die Küche des Adels, allerdings ohne Mengenangaben. Man weiß, dass im Mittelalter Fleisch häufig erst gebraten und dann in Brühe weich gekocht wurde; diese für die heutige Zeit ungewöhnliche Art der Zubereitung resultiert aus der Tatsache, dass der Adel meist schlechte oder gar keine Zähne hatte und die Werkzeuge bei Tisch recht archaisch anmuteten.

Zur Kulturgeschichte der Jagd gehören viele Legenden, Märchen und Geschichten. Die Bekehrung des Hubertus (um 650–727 n. Chr.) fand Eingang in die Volkslegenden. Als junger, adliger Mann soll Hubertus nach dem Tod seiner Frau Floribana Zerstreuung bei der Jagd gesucht haben. Eines Tages erschien ihm nach einer wilden Hetzjagd ein weißer Hirsch mit einem hell leuchtenden Kreuz zwischen dem Geweih. Mit menschlicher Stimme soll der Hirsch ihn um Einhalt gebeten haben. Zutiefst berührt verschonte Hubertus das Tier, änderte sein Leben und trat einem Orden bei, dem er nach kurzer Zeit als Bischof vorstand. Nach seinem Tod gelang es den Klosterbrüdern, sein Andenken wachzuhalten. Er wurde zum Schutzpatron der Jagdhunde, Jäger, Wilderer und Förster.

Die jungen Männer und die Ritterschaft erprobten bei der Jagd ihre Fähigkeiten an den Waffen und fanden so die Möglichkeit, ihre Ausdauer, ihren Mut und ihr Geschick zu schulen und unter Beweis zu stellen. Die Jagd erfuhr eine gewisse Gleichsetzung mit dem Kriegshandwerk und wurde als Schule des Mannes angesehen. Jagddarstellungen, Jagderlebnisse, Jagdregister und Jagdlehrbücher sind in kostbaren Folianten erhalten geblieben.

Mit dem Traktat „De arte venandi cum avibus" („Über die Kunst der Jagd mit Vögeln") setzte der Stauferkaiser Friedrich II. (1194–1250) einen Meilenstein in der Jagdgeschichte, dessen Bedeutung bis in unsere Zeit unter Falknern ungebrochen ist. Seine große Leidenschaft waren die Beobachtung, Zucht, Ausbildung und der Einsatz von Greifvögeln. Über 900 einzigartige Vogeldarstellungen sind in dem monumentalen Werk enthalten und verdeutlichen den Stellenwert, der der Jagd zugemessen wurde. Darüber, wie das Fleisch der erlegten Tiere verwendet oder zubereitet wurde, gibt es nur wenige Zeugnisse.

Während der frühen Neuzeit wurden die Rechte der Bauern, im Wald ihr Wildbret zu erlegen, immer mehr beschnitten. Sie mussten Frondienste leisten, wurden als Treiber verpflichtet, sollten die adelige Jagdgesellschaft beherbergen und mussten mitansehen, wie ihre Felder zerstört wurden. Von daher ist es nicht verwunderlich, dass eine der Forderungen während des Bauernkrieges die „Freie Jagd" war. *Es ist unbrüderlich und dem Worte Gottes nicht gemäß, dass der arme Mann nicht Gewalt hat, Wildbret, Geflügel und Fische zu fangen …* (Vierter der zwölf Artikel der Bauern im Bauernkrieg von 1525). Die feudale Herrschaftsstruktur blieb jedoch ungebrochen. Wildbret war für das gemeine Volk teilweise überlebensnotwendig; auf die Jagd zu gehen war jedoch verboten und wurde mit grausamen Strafen verfolgt. Die Wilderer genossen meist große Sympathie, weil sie das köstliche Wildbret brüderlich teilten. Mancherorts wurden sie sogar als Volkshelden gefeiert, die den Mut hatten, sich gegen die Obrigkeit aufzulehnen. Der Wilderer Georg Jennerwein (1848–1877), der hinterrücks von einem Jäger erschossen wurde, lebt in seiner bayerischen Heimat bis heute im Lied fort:

Es war ein Schütz in seinen schönsten Jahren,
er wurde weggeputzt von dieser Erd,
man fand ihn erst am neunten Tage
bei Tegernsee am Peißenberg.
[…]
Auf hartem Stein hat er sein Blut vergossen
Am Bauche liegend fand man ihn,
von hinten war er angeschossen,
zersplittert war sein Unterkinn …
(Anonym 1877)

Die Jagd blieb bis weit in die Neuzeit der bevorzugte Zeitvertreib der höfischen Gesellschaft. Die verschiedenen Jagd- und Fallentechniken und vor allem die Waffen wurden im Zuge der technischen Errungenschaften der Renaissance weiterentwickelt. Von Leonardo da Vinci (1452–1519) ist der Entwurf einer Radschlosskonstruktion erhalten; es folgten mehrläufige Jagdgewehre für Schrot- und

> Hetzjagd mit Hunden (La Vénerie de Jacques de Fouilloux, 1650)

autour du buiſſon , pour voir le cerf s'il eſt poſſible au partir du lãcer, afin de recognoiſtre le pelage & la façon de la teſte. Alors que le Veneur

Kugelgeschosse und schließlich das Steinschlossgewehr. An vielen Fürstenhöfen spielte die Entwicklung von Jagdgewehren eine größere Rolle als die von militärisch genutzten Waffen. Handwerksberufe wie Büchsenmacher und Rohrschmiede fertigten immer zielgenauere Schusswaffen, deren Schäfte Graveure und Silberschmiede teilweise mit Jagdszenen oder Tierdarstellungen prunkvoll verzierten. Da durch sie die Chance des Wildes zu überleben zurückging, kam erstmals der Gedanke an Schonzeiten auf. Die höfischen Jagdfeste verlangten nämlich, dass es genug Wild gab, denn schließlich wollte man die Jagderfolge gebührend feiern können. Zugleich entstand das Bedürfnis nach immer mehr Trophäen, Jagdutensilien und Zubehör.

Wie opulent die Tafeln gedeckt waren, zeigt ein Bericht von der Vermählungsfeier des polnischen Herzogs Johann Sigismund aus dem Jahr 1594: *3 Wisente, 20 Elche, 10 Rothirsche, 22 Stück Kahlwild, 36 Wildschweine, 29 Frischlinge, 2 Bären, 48 Rehe, 272 Hasen, 5 Wildschwäne, 123 Auerhähne, 279 Birkhühner, 433 Haselhühner, 47 Rebhühner, 413 Wildenten.* Wie viele Gäste damit verköstigt wurden, ist leider nicht bekannt. Von Abbildungen weiß man, wie kunstvoll die Speisen arrangiert wurden. Die Köche färbten die Gerichte u.a. mit Rote-Bete- oder Heidelbeersaft und verliehen zum Beispiel den gebratenen Schwänen ein lebendiges Aussehen, indem sie das Federkleid aufwendig wieder anbrachten.

Ab der Barockzeit entwickelten die Fürsten und Landesherren verschiedene „Jagdvergnügen", die an Dekadenz und Grausamkeit kaum zu überbieten waren. So empfand man es zum Beispiel als zu beschwerlich, das Wild im Wald zu jagen, und richtete sogenannte „Hetzgärten" ein, umzäunte Gelände, in denen zuvor eingefangene Wildtiere bequem geschossen werden konnten. Bei einer „Festinjagd" („Prunkjagd") 1748 zu Ehren der Herzogin von Württemberg bei Leonberg wurden die Tiere in Teiche getrieben und von Booten aus erlegt. Es sollen dabei rund 800 Stück Rot- und Schwarzwild erlegt worden sein. Und selbst noch 1812 anlässlich der Geburtstagsfeier von König Friedrich von Württemberg in Bebenhausen ... *wurde eine Strecke von 823 Stück Wild erzielt, darunter 116 Hirsche. Das blutige Vergnügen kostete in allem mehr als eine Million Mark* (Chronist: Friedrich von Matthisson).

Die Revolution von 1848 markiert den Beginn der bürgerlichen Jagd und beendete ein wichtiges Privileg der ständischen Gesellschaft. In der Reichsverfassung wurde festgeschrieben, dass das Jagdrecht an das Eigentum von Grund und Boden gebunden ist. Es bildeten sich zahlreiche Interessenverbände, und die Forderung nach der „Freien Jagd" schien verwirklicht. Leider wurden durch das intensive Jagen viele Wildtierarten ausgerottet, und es kam außerdem zu einer großen Zahl von Unfällen mit Gewehren. Bauernjäger, alter Adel und aufstrebendes Bürgertum wurden mehr und mehr zu Konkurrenten. Der Aristokratie und dem wohlhabenden Bürgertum dienten die alten Rituale als willkommene Abgrenzungsmöglichkeit zum Bauernjäger.

Das Aufgabengebiet der Jäger heute hat sich im Vergleich zu früheren Zeiten stark gewandelt. Dadurch, dass die natürlichen Feinde des Wildes wie Bär, Wolf und Luchs in unserer Kulturlandschaft ausgerottet sind, obliegt es heute in weit stärkerem Maß dem Jäger, für eine vertretbare Wilddichte zu sorgen. Er muss Schäden in Land- und Forstwirtschaft verhindern, ebenso wie eine zu starke Vermehrung des Wildes. Seine „Hege"-Aufgaben werden vielfältiger. Die Anforderungen an einen naturnahen Waldbau, die Forderungen des Naturschutzes nach ökologischem Gleichgewicht und die Interessen von Jägern müssen immer wieder aufs Neue austariert werden.

<
Umzäunte „Hetzgärten", in denen zuvor eingefangenes Wild gejagt wurde, sorgten für den gewünschten Jagderfolg beim Adel (Der vollkommene teutsche Jäger, 1719).

Rituale und Brauchtum

Zahlreiche jahrhundertealte Bräuche und Rituale rund um die Jagd haben sich bis in unsere Zeit hinein – teilweise ohne große Veränderung – erhalten und werden noch heute vielerorts praktiziert.
Um eine jüngere Tradition handelt es sich bei dem berühmten „grünen Jägerkleid“, denn historischen Aufzeichnungen zufolge war es im Mittelalter eher braun-schwarz, beim Adel auffallend und bunt. Heutzutage werden zur Sicherheit auch rote Warnwesten getragen. Der mit eigenen Trophäen (Gamsbart, Federn etc.) verzierte Jägerhut ist eine allgemein bekannte Gepflogenheit mit langer Tradition. Auch der sogenannte *Erlegerbruch*, ein mit dem Schweiß (Blut) des erlegten Tieres benetzter Zweig bestimmter Baumarten, wird an die rechte Seite des Jägerhutes gesteckt.
Weniger bekannt ist, dass die Jäger die Beute mit einem alten Ritual ehren, das auf keltische Wurzeln zurückzuführen sein soll. Der Jägerhut wird vor dem erlegten Wild gezogen und eine kurze Gedenkminute eingelegt, bei der gemäß dem alten Leitspruch „des Schöpfers im Geschöpf gedacht wird“. Der Jäger legt die Beute auf ihre rechte Körperseite, bedeckt sie mit dem sogenannten Bruch (Zweig von Eiche, Erle, Weißtanne, Kiefer oder Fichte). Weibliche Tiere werden mit den Blättern in Richtung Haupt, männliche mit dem abgebrochenen Astende in Kopfrichtung „verbrochen“, das heißt geschmückt. In manchen Gegenden gibt man dem erjagten Hochwild auch den symbolisch „letzten Bissen“ in Form eines Zweiges ins Maul. Dann beginnt die „rote Arbeit“, bei der der Jäger die Beute aufbricht. Die zum Verzehr geeigneten Innereien (Aufbruch) sowie die unverwertbaren Teile (Darm, Magen etc.) werden entnommen. Noch bis vor wenigen Jahrzehnten musste diese Arbeit mit nicht hochgekrempelten Hemdsärmeln durchgeführt werden, um sich dadurch vom Metzgerhandwerk zu unterscheiden. Zum Abschluss einer größeren Jagdgesellschaft wird dem erlegten Tier mit dem Jagdhorn musikalisch die letzte Ehre erwiesen. Dies ist das sogenannte „Verblasen“ mit dem dafür vorgeschriebenen Jagdsignal, wie „Hirsch tot, Sau tot ...“.
Im Laufe der Zeit hat sich eine eigene Jägersprache entwickelt, die einen Wortschatz von über 6000 Wörtern umfasst und für Außenstehende relativ unverständlich ist. Warum zum Beispiel das Blut des Rehs als Schweiß bezeichnet wird, die Ohren des Fuchses Gehöre und der Kopf des Rehbocks Grind heißen, weiß niemand so recht. Jede Zunft hat ihre eigene Sprache, aber die Jägersprache ist die wortreichste und ausgefeilteste, die sich auch heute noch ständig weiterentwickelt. Es ist Ehrensache für einen Jäger, diese Sprache zu beherrschen. In früheren Zeiten gab es bei der falschen Wortwahl durchaus Bestrafungen, wie zum Beispiel kräftige Schläge mit einem großen Jagdmesser (Hirschfänger) auf das Hinterteil. Der Begriff „Jägerlatein“, mit dem die Jägersprache früher bezeichnet wurde, ist heute eher liebenswürdige Umschreibung für zu Über- und Untertreibung neigende Jagdgeschichten. Bekanntestes Wort aus der Jägersprache ist wahrscheinlich das „Waidmannsheil“, das man sich vor der Jagd für einen glücklichen Verlauf derselben wünscht und das in Jägerkreisen auch als Grußformel oder Glückwunschbekundung dient.

> Eine bunt gekleidete adlige Gesellschaft bricht mit Hunden und Falken zur Jagd auf (Breviarium Grimani, 16. Jahrhundert).

Jagd in der Kunst

Das Thema Jagd wird seit den ersten Höhlenmalereien ohne Unterbrechung immer neu künstlerisch bearbeitet. Der Adel und die höfische Gesellschaft schmückten über viele Jahrhunderte ihre Bildergalerien mit unzähligen Jagddarstellungen. Meist wurden mythologische Bilder und Skulpturen von Diana oder anderen Sagengestalten, üppige Stillleben oder Porträts im Wald mit Hund und Pferd in Auftrag gegeben. Ab dem Barockzeitalter wurden Jagdschlösschen gebaut und Hubertussäle in den Residenzen mit verschiedenen Jagdmotiven ausgeschmückt.

Zu den bekanntesten Jagdmotivmalern gehören der herausragende Renaissancekünstler Lucas Cranach der Ältere (1472–1553), Peter Paul Rubens (1577–1640) mit seinen kreativen, sinnlichen Darstellungen, Jan Fyt (1611–1661) mit seinen Jagd- und Tierbildern, die sich durch besondere Lichteffekte auszeichnen, und Wilhelm Leibl (1844–1900), der bedeutendste deutsche Vertreter des Realismus. Die Jagdbeute war für lange Zeit eines der zentralen Motive der Stilllebenmalerei. Arrangements mit erlegtem Wild, Früchten oder Weinkaraffen wurden vor allem ab dem 17. Jahrhundert in herausragender Qualität gemalt. Diese Bilder, die eine realistische Darstellung kennzeichnet, waren immer auch ein Symbol für Herrschaft und Reichtum.

Auch in die Literatur fand das Thema Jagd Einzug. Über Jahrhunderte hinweg wurde in mündlich weitergegebenen Sagen und Märchen die Gestalt des Jägers meist als Retter oder als derjenige, der die Wendung zum Guten bringt, dargestellt (im Märchen „Schneewittchen" z.B. verschont der Jäger das Kind vor dem sicheren Tod, im Märchen „Rotkäppchen" rettet der Jäger Großmutter und Enkelin aus dem Bauch des Wolfes). Der Jäger steht als Symbol für das Gute, Ehrliche und Ritterliche.

Zahlreiche Schriftsteller waren passionierte Jäger und verarbeiteten ihre Jagderlebnisse auch schriftlich. Johann Wolfgang von Goethe (1749–1832), Wilhelm Busch (1832–1908), Ludwig Ganghofer (1855–1920), Hermann Löns (1866–1914), Jack London (1876–1916), José Ortega y Gasset (1883–1955), Tania Blixen (1885–1962) und Ernest Hemingway (1899–1961) sind nur eine kleine Auswahl von bedeutenden Künstlern, deren Jagschilderungen teilweise in die Weltliteratur eingegangen sind. Die bekannteste deutsche Oper, die sich rund ums Thema Jagd dreht, ist der „Freischütz" von Carl Maria von Weber (1786–1826).

Schon immer wurden die Jagdutensilien wie Gewehre, Jagdmesser und Jagdhörner auf besonders prunkvolle Art verziert. Auch Goldschmiede spezialisierten sich auf die Herstellung wertvollster Geschmeide wie Broschen, Ringe oder Manschettenknöpfe, die mit Jagdszenen geschmückt waren. Besonders das Verarbeiten der „Grandeln", der tropfenförmigen Eckzähne des Rotwilds verlangte großes Können. Seit dem Ende des 19. Jahrhunderts wurde der Jagd- und Grandelschmuck immer bekannter und beliebter. Die Grandeln wurden zu wertvollem Schmuck verarbeitet, den auch Zarinnen, Kaiserinnen und Königinnen schätzten.

Schon in grauer Vorzeit sah man in den auffallenden Eckzähnen der Wiederkäuer ein Fruchtbarkeitssymbol, das als Amulett um den Hals getragen wurde und stärkende beziehungsweise schützende Eigenschaften haben sollte. Den schönsten und wertvollsten Grandelschmuck kann man heutzutage im Münchner Jagdmuseum hinter Glas bewundern; einst zierte er das Dekolleté der Kaiserin Auguste Viktoria (1858–1921).

<
Peter Paul Rubens: Eberjagd, um 1615–1620.

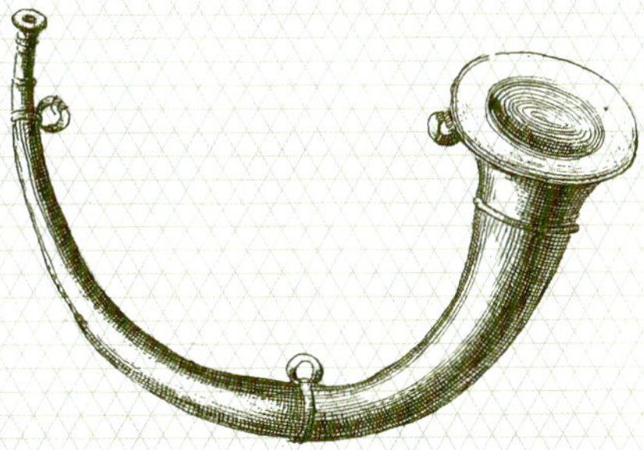

Tipps zur klassischen Wildküche

Alles spricht für Wild
Tipps für ein gelungenes Wildgericht

Es gehört zu den Grundregeln einer jeder guten Küche, dass die Qualität der Zutaten über den Geschmack entscheidet. Die Nachfrage nach Wildfleisch nimmt in den letzen Jahren kontinuierlich zu. Der kritische Verbraucher hat das Wildbret in Zeiten von Fleischskandalen und Massentierhaltung als Alternative entdeckt. Das natürliche Fleisch von frei lebenden Tieren wird von Ernährungswissenschaftlern hoch geschätzt. Betrachtet man z.B. den Speisezettel eines Rehs, so frisst es vor allem die Triebe junger Laub- und Nadelhölzer, ausgesuchte Gräser und junge Waldkräuter; dieses selbst gewählte Futter ist ganz wesentlich für den Geschmack und die Qualität des Fleisches verantwortlich.

Es ist nicht verwunderlich, dass bereits Hildegard von Bingen (um 1098–1179) Wildbret wegen seiner leichten Verdaulichkeit als „universelles Diätfleisch" bezeichnet hat. Wildfleisch soll nach ihrer Ansicht gegen „Verschleimung" helfen und bei allen Beschwerden in Magen und Darm für Linderung und Heilung sorgen. Auch die *Vichtkrankheit* (Hildegard von Bingens Bezeichnung für Krebserkrankungen im Frühstadium) wurde von ihr durch den regelmäßigen Verzehr von Reh- und Hirschfleisch therapiert. *Ein Mensch, der von der Präkanzerose geplagt wird, esse oft (2–3mal wöchentlich) Rehleber, und es räumt mit der Präkanzerose auf*, schreibt die mittelalterliche Nonne.

Im Wildfleisch sind unter anderem als Inhaltsstoffe die Vitamine der B-Gruppe, Niacin, Vitamin A, Panthothensäure und Biotin enthalten. Des Weiteren sind die Mineralien Phosphor, Kalium und Magnesium, ebenso Spurenelemente wie Eisen, Zink und Selen nachweisbar. Wildfleisch ist zudem ein sehr guter Eiweißlieferant.

Doch wo kauft man am besten sein Wildfleisch? Besonders beim Wild ist es nicht immer ganz einfach, ein Produkt von absoluter Güte zu bekommen. Empfehlenswert sind der Wildfachhandel und Metzgereien, die abgehangenes und fachmännisch zugeschnittenes Fleisch anbieten. Daneben nimmt auch die Direktvermarktung durch die Jäger zu, allerdings muss alles erlegte Wildfleisch per Gesetz vom Veterinär untersucht werden, bevor es freigegeben wird. Bei der Vermittlung von Adressen für Wildfleisch sind die örtlichen Forstämter gerne behilflich.

Jagd- und Schonzeiten bestimmten früher ganz wesentlich über die Verfügbarkeit einzelner Wildfleischarten. Da sich das Fleisch wegen seines geringen Fettgehalts sehr gut einfrieren lässt, steht heutzutage fast immer ein breites Angebot zur Verfügung. Zudem etablierte sich in den letzten Jahren die Haltung von Dam-, Rot- und Schwarzwild in Gattern. Landwirtschaftliche Betriebe haben sich auf diese Weise ein zusätzliches Standbein geschaffen und erreichen bei Gehegen mit ausreichender Größe auch eine hervorragende Qualität.

Zur Zubereitung von Wildgerichten gehört oft eine sogenannte Marinade oder Beize, in die das Fleisch einige Zeit eingelegt wird. War man bis zur Mitte des 20. Jahrhunderts darauf angewiesen, Wildfleisch durch Marinaden zu konservieren, so verwendet man heutzutage Beizen in erster Linie dazu, das Fleisch älterer Tiere mürbe und zart zu machen und geschmackliche Akzente zu setzen. Der geringe Fettanteil des Wildfleisches birgt im-

> Die mittelalterliche Nonne und Gelehrte Hildegard von Bingen schrieb dem Rehfleisch heilende Eigenschaften zu (Bertuch, Bilderbuch für Kinder, 1792–1798).

< S. 20:
Frische Waldpilze und Kräuter passen wunderbar zu Wild.

mer die Gefahr, dass ein Braten zu trocken zu werden droht. Die Austrocknung wird durch das Umwickeln mit Speck und die Reduzierung der Brathitze vermieden. War es früher verpönt, rosarot gebratenes Fleisch zu essen, kann heute das Wildbret von Wiederkäuern wie Reh und Hirsch bedenkenlos selbst roh als Carpaccio gegessen werden. Geflügel aller Art und Wildschweinfleisch sollten dagegen immer durchgegart werden.

Getränke für Jäger und Wildgenießer

Was genau trinkt ein Jäger auf der Jagd, um sich fit und warm zu halten? Statistisch gesehen verbringt er z.B. zwischen 60 und 70 Stunden im Wald, ehe es ihm gelingt, ein Wildschwein zu erlegen. Auch für die Jagd auf Reh- und Rotwild ist oft langes Ansitzen nötig. Und einen großen Teil der Arbeit eines Jägers macht ohnehin die Wildbeobachtung aus. Oft muss er also stundenlang in der Dämmerung im Kalten ausharren, bis sich endlich Wild zeigt. Ein warmer Kräutertee – z.B. aus selbst gesammelten Kräutern – oder ein anderes warmes Getränk ist daher sehr willkommen. Viele der Tees eignen sich auch als Begleiter zu Wildgerichten oder – nach dem Essen getrunken – als Verdauungshelfer.

Brombeer- und Walderdbeerblättertee

Etwa 100 g frische Beerenblätter mit 400 ml kochendem Wasser angießen und 5 Minuten ziehen lassen. Die kleinsten Brombeerblätter, die in der Mittagshitze gepflückt werden, geben den besten Tee. Wenn man getrocknete Früchte zum Aufguss gibt, wird der Tee fruchtig intensiv. Dieser Tee, der reich an Vitaminen und Mineralstoffen ist, eignet sich auch als aromatischer Begleiter zu vielen Wildgerichten.

Hagebuttentee

Wer nach dem ersten Frost Hagebutten sammelt, bekommt einen Tee mit besonders kräftigem Aroma. Die Hagebutte wird aufgeschnitten, man entfernt die Kernchen und trocknet die Frucht. Etwa 1 Teelöffel klein geschnittene Hagebutten werden mit 200 ml kochendem Wasser aufgegossen. Zehn Minuten ziehen lassen und heiß oder kalt servieren.

> Hagebuttentee ist schmackhaft und gesund.

Prunus spinosa. ♄
Crataegus Oxyacantha. ♄
Schkuhr

Manderbach

Fencheltee

Man zerstößt die Fenchelsamen und gibt einen Teelöffel davon auf 200 ml kochendes Wasser. Nach zehnminütiger Ziehdauer hat man ein wunderbares Getränk, das intensiv nach Lakritze schmeckt. Nach einem frugalen Mahl dient Fencheltee zur Regulierung der Verdauung. Dieser Tee ist eine wahre Alternative zum Schnaps nach dem Essen. Er soll außerdem die Sehkraft stärken.

Lindenblütentee

Dieser Tee enthält ätherische Öle, die die Körpertemperatur erhöhen, und Schleimstoffe, die hustenstillend wirken. Ein ideales Getränk also, um im Winter auf dem Hochsitz „anzusitzen“, ohne zu frieren und ohne das Wild durch Husten zu vertreiben. Dazu etwa 20 g getrocknete Lindenblütenblätter mit 200 ml Wasser aufgießen und zehn Minuten ziehen lassen. Mit Honig und einem Spritzer Zitronensaft wird Lindenblütentee zu einem köstlichen Getränk.

Jägerpunsch

Es gibt unzählige Varianten kunstvoll gearbeiteter Taschenflaschen oder Flachmänner, die meist mit hochprozentigen Getränken gefüllt sind, doch für das Ansitzen speziell während der kalten Jahreszeit eignet sich vor allem ein heißer Jägerpunsch ohne Alkohol, denn Alkohol als „Zielwasser“ soll schon aus mancher Kuh eine Wildsau gemacht haben.

Zutaten für 4 Personen: **¼ l Wasser / 2 Nelken / ½ Zimtstange / Schale einer unbehandelten Zitrone / ½ l Holunderbeerensaft / ¼ l Apfelsaft / Zucker oder Honig / Zitronensaft**

1. Das Wasser zusammen mit den Nelken, der Zimtstange und der abgeriebenen Zitronenschale zum Kochen bringen. Den Holunderbeerensaft und den Apfelsaft hinzugeben, erhitzen, aber nicht kochen lassen.
2. Mit Zucker oder Honig und Zitronensaft abschmecken. Durch ein Sieb gießen und in der Thermosflasche heiß halten.

Tipp: Der Jägerpunsch wärmt und stärkt die körpereigenen Abwehrkräfte.

<
Wärmt von innen:
Jägerpunsch

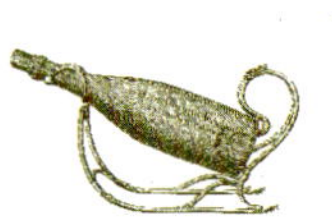

Wildererpunsch

Dieser Punsch eignet sich für Wilderer und solche, die es werden wollen. Anders als der Jägersmann, der guten Gewissens in den Wald geht, wird der Wilderer von einem latenten Unrechtsbewusstsein begleitet, das er gern im Alkohol ertränkt. Damit erklärt sich der hohe Alkoholanteil dieses Punsches.

Zutaten für 4–6 Personen: **1 l schwarzer Tee / 1 Blutorange / 1 Zitrone / 1 ganze Zimtstange / 10 Nelken / 1 Prise Muskat / 0,7 l Rotwein / Honig nach Belieben / 4 cl Kirschwasser**

1. Den schwarzen Tee zubereiten, die Blutorange und die Zitrone auspressen und den Saft dazugeben. Mit der Zimtstange, den Nelken und dem Muskat zusammen 3 Minuten ziehen lassen.
2. Anschließend den Rotwein hinzufügen. Mit Honig abschmecken und ganz zum Schluss das Kirschwasser beifügen.

Tipp: Im Winter wird der Punsch heiß, im Sommer kalt serviert.

Sanddornshake

Ein Vitamin C-Vitaltrunk, der das Immunsystem stärkt und den Jäger gesund durch den Winter bringt

Zutaten für 4 Personen: **600 ml Sojamilch / 400 ml frisch gepresster Orangensaft / 12 ml Sanddornsirup / 50 ml frisch gepresster Zitronensaft / Honig zum Süßen**

Alle Zutaten gut verrühren und den gesunden Shake schön kalt genießen.

< Die Beeren des Sanddorn enthalten viel Vitamin C (Weinmann, Eigentliche Darstellung, 1735).

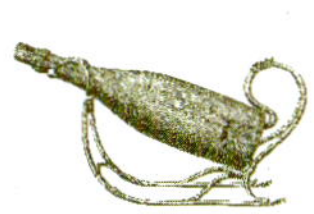

Flüssige Begleiter für Wildgerichte

Edles Wild und vollmundiger Wein gehören in den Augen vieler Menschen untrennbar zusammen. Auf diese Weise spiegelt die Erlesenheit des Getränks den nicht alltäglichen Genuss des feinen Wildfleisches wider und beide ergänzen einander auf das Angenehmste. Durch die Auswahl eines passenden Weines wird der Genuss einer Wildmahlzeit zu einem besonderen Erlebnis. Doch welchen Wein trinkt man zu welchem Wildgericht?
Zu gebratenem oder geschmortem *Wildgeflügel* wählt man am besten einen hervorragenden, vollen Rotwein aus, z.B. einen Cabernet-Sauvignon. Wird das Geflügel kalt serviert, schmeckt ein guter Weißwein, ein Sekt oder sogar Champagner.
Für einen schmackhaft zubereiteten Feldhasen sollte es am besten ein vollduftiger Rotwein sein, z.B. ein Bordeaux, ein nicht zu alter Burgunder oder ein feiner Rioja Reserva.
Für *Wildkaninchen* darf der Wein etwas leichter sein: Ein mittelschwerer italienischer Rotwein oder ein Rosé passen vortrefflich zu diesem Fleisch.
Reh-, Rot- und Schwarzwild harmonieren gut mit vollen, kräftigen Rotweinen wie z.B. einem Bordeaux, jedoch darf es zu leichteren, erlesenen Gerichten auch ein voller Weißwein sein, z.B. eine Pfälzer Spätlese.
Zu warm servierten *Wildpasteten* passt gut ein trockener Rotwein; zu kalten Pasteten können auch Weißwein, Sekt oder Champagner kredenzt werden.
Aber dennoch gilt: Wichtiger als alle Empfehlungen sind persönliche Vorlieben, denn erlaubt ist heute längst, was Spaß macht und schmeckt! Es muss also keinesfalls immer Wein sein – zu deftigem Wildbret passt z.B. auch ein schönes kaltes Bier hervorragend.

Wildkräuter und Gewürze für Wildgerichte

Mehr als bei anderen Fleischarten ist es beim Wildfleisch besonders wichtig, die richtigen Wildkräuter und Gewürze zu verwenden. Durch sie kann sowohl der intensive, kräftige Wildgeschmack gemildert als auch besonders hervorgehoben werden. Gerade das Fleisch von männlichen Tieren (von brunftigen Hirscharten oder rauschigen Wildschweinen) ist manchmal so intensiv im Eigengeschmack, dass der Geschmack des Fleisches für viele Wildliebhaber erst durch eine Beize und das Verwenden geeigneter Wildkräuter oder Gewürze angenehm wird.

Wildkräuter und Gewürze werden schon immer und in allen Ländern unserer Erde den Speisen zugesetzt, da sie verdauungsfördernde, geschmacksverstärkende, konservierende und nicht zuletzt die Sinne beflügelnde Eigenschaften haben. Verantwortlich für den starken Duft und den intensiven Geschmack der Pflanzen ist das in Öldrüsen enthaltene ätherische Öl. Durch intensive Sonneneinstrahlung ist der Gehalt an aromatischen Inhaltsstoffen besonders hoch. Deshalb stammen die meisten Wildkräuter aus dem Mittelmeerraum und die meisten Gewürze aus den fernöstlichen Ländern. Rosmarin, Thymian, Majoran, Oregano und Lorbeer gehören zu den besonders robusten Wildkräutern mit starken Blättern, was den Vorteil hat, dass sie dadurch gut die Hitze des Kochvorgangs überstehen. Durch ihren intensiv würzigen Geschmack sind sie seit Jahrhunderten beliebte Begleiter der Wildgerichte. Generell lässt man getrocknete Blätter von Anfang an mitkochen, frische hingegen gibt man erst zum Ende der Garzeit, als ganze Zweige oder in Sträußchen gebunden, hinzu. Überall gibt es landestypische Kräuterkombinationen, die natürlich nicht nur für die Wildküche verwendet werden. So sind die Franzosen für ihre Kräutermischung „Herbes de Provence" bekannt, die variierend meist Thymian, Rosmarin, Lorbeer, Bohnenkraut und Fenchelsamen enthält. In Italien schätzt man die Mailänder „Gremolata", die sich aus Salbei, Rosmarin, zerdrückten Knoblauchzehen, Petersilie und geriebenen Zitronenschalen zusammensetzt. In unseren Breiten wird bei Wildgerichten gern zusätzlich noch Wacholder verwendet, der einen hohen Gehalt an ätherischem Öl aufweist und für seine gesundheitsfördernden Eigenschaften bekannt ist. Die getrockneten Wacholderbeeren haben ein wesentlich intensiveres Aroma als frische. Der Fantasie beim Kochen mit Wildkräutern und Gewürzen sind keine Grenzen gesetzt, und man sollte ruhig verschiedene Variationen ausprobieren. Um das Wildgericht auch optisch zu einem Erlebnis werden zu lassen und ihm etwas Farbe zu verleihen, können die essbaren Blüten von Ringelblume, Borretsch oder Kapuzinerkresse verwendet werden. Diese sind nicht nur schmackhaft, sondern auch gesund.

Wer sich ein eigenes Wildgewürz herstellen möchte, sollte sich von den folgenden Duftpflanzen inspirieren lassen: Geeignete Bestandteile sind zum Beispiel Pfeffer, Kardamom, Koriander, getrocknete unbehandelte Orangenschalen, Wacholderbeeren, Nelken, Rosmarin, Oregano, Anis, Zimt und Lorbeer. Wenn man alle Bestandteile in getrocknetem Zustand kauft, kann man sie je nach

> Rosmarin ist der ideale Begleiter zu Wildgerichten (Kniphof, Botanica, 1757).

Vorliebe mischen. Wer eine eher winterliche Note zusammenstellen möchte, sollte Zimt, Nelken und Anis großzügig verwenden, wem ein intensiver Kräutergeschmack lieber ist, der sollte mehr Rosmarin, Lorbeer und Wacholderbeeren verwenden. Die Kräuter und Gewürze werden durch eine Getreidemühle gedreht oder im Mörser zu einem Pulver zerstampft. Auf diese Weise hält sich das herrliche Aroma im geschlossenen Gefäß bis zu einem Jahr.

<
Oregano passt frisch oder getrocknet hervorragend zu Wild.

>
Kräuter und Gewürze lassen Wild zu einem Erlebnis für Nase und Gaumen werden.

Fig. 1.
Fig. 2.
Fig. 5.
Fig. 3.
Fig. 4.
Fig. 6.

Des Jägers Beute – die Wildfleischsorten

Ein echter Feinschmecker, der ein Rebhuhn verspeist hat, kann sagen, auf welchem Bein es zu schlafen pflegte.

‹ Verschiedene Wildvögel (Bertuch, Bilderbuch für Kinder, 1792–1798)

Diese Aussage stammt von dem berühmten Schriftsteller, Philosophen und Gastrosophen Jean Anthèlme Brillat-Savarin (1755–1826), *dem* französischen Feinschmecker des 18. Jahrhunderts. Für ihn stellte Wild „den höchsten Genuss bei Tisch" dar. Doch auch mit weniger sensitiven Geschmacksknospen lassen sich die einzelnen Wildfleischarten geschmacklich gut unterscheiden.

Wildbret gehört seit jeher zu den besonderen kulinarischen Spezialitäten. Durch deren natürliche Ernährung mit Gräsern, Kräutern, Knospen und Beeren ist das Fleisch von Wildtieren von kräftigem und zugleich feinem Geschmack. Wildbret ist Diätfleisch, leicht verdaulich und enthält wenig Fett.

Man unterscheidet beim Haarwild beispielsweise zwischen Reh-, Rot- und Schwarzwild:

Das *Rehwild* (männlich: Bock; weiblich: Geiß) hat besonders zartes und kostbares Fleisch. Jährling und Schmalreh sind wahre Delikatessen. Ihr zartes und zugleich festes, dunkelrotes Fleisch ist in seinem feinen Wildgeschmack von besonderer Güte. Auch Rehfleisch von Tieren im Alter von bis zu drei Jahren ist fest und mürbe in seiner Struktur. Fleischpartien von Bock und Geiß, die man aufgrund ihres Alters länger zubereiten muss als Jungtiere, umwickelt man mit grünem Speck, um ein Austrocknen zu verhindern. Auch Marinaden oder Beizen wirken wie ein „Jungbrunnen" auf das Fleisch älterer Tiere. Es wird häufig zusammen mit frischen Kräutern, Wein und Milchprodukten verarbeitet. Man würzt dezent, um das feine Reharoma nicht zu überdecken.

Das in Europa heimische *Rotwild* (männlich: Hirsch; weiblich: Hirschkuh) hat rotbraunes, festes Wildbret mit wenig Fett. Das Fleisch jüngerer Tiere eignet sich besonders für Steaks, Koteletts und auch als Braten. Ältere Tiere können sehr fest im Fleisch sein; sie verarbeitet man zu Schmorgerichten oder legt sie in eine Beize, um sie mürbe zu machen.

Der Begriff *Schwarzwild* bezeichnet die Wildschweine. Natürlich ist das dunkelrote Fleisch der Jungtiere, von Frischling und Überläufer, besonders zart und schmackhaft. Wildschwein ist im Vergleich zum Hausschwein wesentlich fester in seiner Fleischstruktur und hat viel weniger Fett. Auch ältere Wildschweine lassen sich durch Beizen oder kräftiges Würzen für feine Gerichte verwenden. Vor allen Dingen eignen sie sich zur Verarbeitung zu Wurst, Pasteten und Schmorgerichten.

Das Fleisch des Keilers (männliches Wildschwein), der während der „Rauschezeit", also während der Paarungszeit in den Monaten November und Dezember, erlegt wird, verströmt einen penetranten Geruch, der sich kaum mildern lässt. Dieses Fleisch ist nahezu ungenießbar, lässt sich aber immer noch zu Wurst verarbeiten.

Wildgeflügel ist im Vergleich zu anderem Wildbret teurer. Deshalb werden einzelne Wildvogelarten, wie zum Beispiel Rebhühner, Fasane, Wildtauben und Wachteln, vermehrt gezüchtet. Obwohl der intensive Geschmack von Wildvögeln mit gezüchtetem Federwild nicht erreicht werden kann, haben die Zuchttiere den Vorteil, dass sie durch regelmäßige Ernährung viel Fleisch haben.

Grundsätzlich ist das Fleisch des Federwilds ausgesprochen schmackhaft und zart, allerdings kann es je nach Alter des Geflügels auch bisweilen recht trocken sein. Ältere Tiere müssen in viel Flüssigkeit und länger garen als junge Vögel. Wildvögel müssen an einem kühlen, aber luftigen Ort abgehängt werden, damit ihr Fleisch sein Aroma entfalten kann und mürbe wird. Erst nach dem Abhängen, das zeitlich von der Vogelart abhängt (Rebhühner lässt man zum Beispiel durchaus zwei Wochen abhängen, Wildenten dagegen nur zwei Tage), wird das Federwild gerupft und gesäubert. Die in unseren Breiten bekanntesten und beliebtesten Wildvogelarten sind Fasan, Rebhuhn, Wildente, Wildtaube, Wildgans und Waldschnepfe.

Der *Wildhase* und das *Wildkaninchen* sind wie die anderen Haarwildarten ebenfalls sehr mager und schmackhaft. Das Fleisch des Feldhasen ist dunkel und sollte vor dem Braten gebeizt werden. Das Wildbret des Wildkaninchens ist eher weiß. Kaninchen wiegen ungefähr 1,3 bis 2 Kilogramm und ergeben bis zu drei Portionen. Feldhasen dagegen haben meist ein Gewicht von 2,6 bis 3,6 Kilogramm und sind für ein Essen für sechs Personen geeignet. Hasen sollte man zwei bis drei Wochen im Balg an der frischen, kühlen Luft abhängen lassen, bevor man sie als Wildbret verarbeitet.

In früheren Zeiten war es üblich, dem erlegten Tier die letzte Ehre auch dadurch zu erweisen, dass man ihm ein wenig seiner Lieblingsspeise mit in den Topf gab. Dies waren unter anderem Wacholderbeeren, Thymian, Rosmarin und auch Brombeerblätter. Alle dieser Kräuter sind bis heute fester Bestandteil bei der Zubereitung von Wildbret.

<
Der Hirsch und seine Fährte (Der vollkommene teutsche Jäger, 1719)

>
Schwarzwild (Bertuch, Bilderbuch für Kinder, 1792–1798)

>
Folgende Seiten: Verschiedene Wildarten (Bertuch, Bilderbuch für Kinder, 1792–1798)

5.
4.
1.
2.
W.Waitz J. 1796.
3.
6.

Fig: 4.
Fig: 8.
Fig: 5.
Fig: 7.
Fig: 6.
Fig:
Fig: 2.
Fig: 9.
Fig: 3.

3.

1.

4.

2.

W. Waltz f.

6.

5.

Die Rezepte

Marinaden und Beizen

Nicht immer stammt Wildfleisch von wirklich jungen Tieren. Oft haben Hirsch, Reh, Gams oder Wildschwein schon einige Jahre „auf dem Buckel“, ehe sie in der Küche verarbeitet werden. Auch wenn das Wildbret noch nicht lange genug abgehangen ist, kann eine Marinade sehr nützlich sein, um das Fleisch zarter werden zu lassen. Früher war das Beizen, Pökeln oder Räuchern oft die einzige Möglichkeit, um die verschiedenen Teile eines ganzen Tieres für einige Zeit haltbar zu machen.

Tipp: **Beizen und Marinaden sollte man stets ohne Salz herstellen, da das Salz dem Fleisch Flüssigkeit entzieht.**

Öl-Kräuter-Gewürz-Marinade

Junges Wildfleisch muss nicht gebeizt werden, da es an sich schon sehr fein schmeckt und eine kräftige Beize den typischen Wildgeschmack überdecken würde. Wer jedoch für zusätzlichen Geschmack sorgen will, kann das Fleisch großzügig mit Olivenöl einreiben und zusammen mit Kräuterzweigen von Rosmarin und Thymian, grobem Pfeffer oder Wacholderbeeren in eine Klarsichtfolie einschlagen und über Nacht im Kühlschrank marinieren. Das Fleisch wird dadurch noch mürber und nimmt eine feine Note von Kräutern und Gewürzen an, ohne dass dabei der Wildgeschmack gemindert würde. Vor dem Anbraten das Fleisch trockentupfen und die Kräuter entfernen, da sie sonst im heißen Fett leicht verbrennen.

< S. 40:
Die richtigen Zutaten machen Wildgerichte erst zu besonderen Köstlichkeiten.

Butter- oder Sauermilchbeize: der Klassiker

Bei der Herstellung einer Butter- oder Sauermilchbeize kann man der Fantasie freien Lauf lassen. Man gibt das Fleischstück in ein enges Gefäß und übergießt es mit Butter- oder Sauermilch, bis alles bedeckt ist. Diese Beize kann mit zerstoßenen Wacholderbeeren, Pfeffer- und Pimentkörnern verfeinert werden, ebenso mit klein geschnittenem Wurzelgemüse (Möhre, Sellerie, Petersilienwurzel, Zwiebel usw.). Zwiebelringe, Knoblauch und Tannen- oder Fichtennadeln sorgen für das typische Gewürzaroma. Für 2–3 Tage kühl und abgedeckt beizen. Vor dem Anbraten sollte das Fleisch abgewaschen und trockengetupft werden, da das Milcheiweiß sonst leicht verbrennt. Die Beize eignet sich auch zum Weiterverwenden für die Sauce.

> Der Klassiker unter den Marinaden: die Buttermilchbeize

Essigmarinade

Eine gute Kräuteressigmarinade kann man leicht selbst herstellen: 1 l Wasser mit 200 ml Essig (mind. 5 Prozent) aufkochen lassen. Je einen Zweig Thymian, Dill, Estragon, Basilikum, Salbei und Majoran sowie zehn zerstoßene Wacholderbeeren, zwei Nelken, 2 TL Senfkörner, zehn schwarze Pfefferkörner, eine Knoblauchzehe, eine kleine Zwiebel und eine Prise Zucker zugeben und kurz mitköcheln lassen. Die Marinade abkühlen lassen und das Fleisch mindestens über Nacht darin einlegen. Vor der Verarbeitung das Fleisch trockentupfen und von den Kräutern und Gewürzen befreien, die sonst beim Anbraten leicht verbrennen.

Rotweinmarinade

Etwa 200–300 g Wurzelgemüse (Möhre, Sellerie, Petersilienwurzel, Zwiebel usw.) in Scheiben schneiden und in 2 l Wasser, das man mit ¼ l Essig versetzt hat, für 5 Minuten kochen. In die heiße Marinade ¼ l Rotwein, einige Wacholderbeeren, einen Zweig Thymian, einen Zweig Bohnenkraut und reichlich frische Tannen- oder Fichtennadeln geben, dann erkalten lassen. In dieser Marinade das Wildfleisch etwa 1–3 Tage einlegen und abgedeckt kühl stellen.

‹ Schwarzwild und Rehwild (Der vollkommene teutsche Jäger, 1719)

› Rotweinmarinade verleiht Wildfleisch besondere Finesse.

3
1
7
6
4
8
9
2
5

Vorspeisen

Gebratene Wildtäubchen

Zutaten für 4 Personen: 4 Wildtauben (küchenfertig) / 100 g Butter / 1 Bund Petersilie / ein Zweig Estragon / ein Zweig Thymian / Salz / Pfeffer / 4 Schalotten / 1 EL Olivenöl / 4 dünne Speckscheiben / 500 ml Wildfond / 10–15 grüne Oliven

< Wildtauben (Bertuch, Bilderbuch für Kinder, 1792–1798)

1. Die Beine der Wildtäubchen am Körper festbinden (dressieren). In einer Schüssel 70 g Butter schaumig schlagen. Petersilie, Estragon und Thymian waschen, klein hacken und der Butter beigeben. Mit Salz und Pfeffer würzen.
2. Die Wildtäubchen innen dick mit der Buttermasse einreiben und in jedes Wildtäubchen eine kleine (geschälte) Schalotte geben. Die Öffnung mit einem Zwirn zunähen oder mit einem Zahnstocher verschließen.
3. Die restliche Butter in einem Bräter mit dem Olivenöl heiß werden lassen und die Wildtäubchen darin anbraten. Nach ca. 10 Minuten die Täubchen herausnehmen und jedes mit einer dünnen Speckscheibe umwickeln. Die Speckscheiben verhindern ein zu starkes Austrocknen des Fleisches. Die Täubchen wieder in den Bräter geben und im Backofen bei 200 °C ungefähr 20 Minuten braten lassen.
4. Die Täubchen nach und nach mit dem Wildfond begießen und weitere 20–30 Minuten bei 160 °C weiterbraten lassen.
5. Die Täubchen herausnehmen und warm stellen. Die grünen Oliven in Ringe schneiden und zum Bratensatz dazugeben. Die Sauce reduzieren und zusammen mit den Täubchen heiß servieren.

Tipp: Dazu passen Butterkartoffeln und Salat.

Hirschroastbeaf

Zutaten für 4–6 Personen: 600 g Hirschroastbeaf oder Hirschfilet / 2 El Olivenöl / 1 Zweig Rosmarin / 1 Zweig Thymian / Salz / Pfeffer / Salatblätter zur Garnitur

1. Das Hirschroastbeaf oder -filet mit dem Olivenöl und den Kräutern in einer Pfanne von allen Seiten kross anbraten. Kräftig salzen und pfeffern.
2. Den Backofen auf 80 °C vorwärmen und das angebratene Fleisch für zwei Stunden auf dem zweituntersten Gitter garen. (Eine Fettauffangschale unterstellen.) Bei offenem Backofen abkühlen lassen.
3. Das Fleisch in dünne Scheiben schneiden, mit grobem Salz und Pfeffer leicht bestreuen und mit frischen Salatblättern garnieren.

Gegrillte Hasenleber

Zutaten für 4 Personen: 4 Hasenlebern / 30 g Butter / 50 g Speck in Scheiben / 8–10 Wacholderbeeren / 1 Zweig Majoran / 2 Lorbeerblätter / Salz / Pfeffer / 1 EL gehackte Petersilie

1.Die Hasenlebern vorsichtig von der Galle befreien, abwaschen und sorgfältig abtrocknen.
2. Mit etwas Butter einzeln bestreichen und im Wechsel mit den Speckscheiben auf einen Grillspieß stecken. Auf den eingefetteten Grillrost legen.
3. Währenddessen aus den Gewürzen in einem Mörser ein feines Pulver mahlen und zum Schluss die gewaschene und klein geschnittene Petersilie unterheben. Die Lebern damit bestreuen und bei mittelstarker Hitze vorsichtig knusprig grillen.

Tipp: Dazu passt Toastbrot und Feldsalat.

Wildpastetchen aus Wildbretresten

Ein schmackhaftes Resteessen

Zutaten für 4 Personen: Reste vom Wildbraten (ca. 400 g) / 200 g Champignons / 20 g Butter / ca. 100 ml Bratensaft oder restliche Bratensauce / 4 Pastetchen (vom Bäcker oder aus der Tiefkühltheke) / Salz / Pfeffer / Zitronensaft

1. Die Bratenreste klein hacken und in einer Pfanne erwärmen.
2. Die in dünne Scheiben geschnittenen Champignons in Butter andämpfen und mit der restlichen Bratensauce durchschmoren lassen. Die Pastetchen im Ofen erwärmen.
3. Mit Salz und Pfeffer und etwas Zitronensaft würzen und in die erwärmten Pastetchen einfüllen.

Tipp: Tabascosauce gibt den Pastetchen einen besonderen Pfiff.

Grüner Salat mit rosa gebratenem Rehfilet

Zutaten für 4 Personen: 8 Rehfilets / 3 EL Olivenöl / Salz / Pfeffer / Variationen verschiedener Salatblätter / 1 EL Weißweinessig / Saft einer halben Zitrone / Senf / Salz / Pfeffer / Fleischsaft der Rehfilets / 4 EL Olivenöl / 4 Champignons

1. Die Rehfilets im Olivenöl 1–2 Minuten in der Pfanne scharf anbraten. Salzen und pfeffern, in Alufolie einwickeln und in den auf 80 °C vorgeheizten Backofen stellen.
2. Den Salat putzen, waschen und trockenschleudern. Den Weißweinessig, den Zitronensaft, den Senf, das Salz, den Pfeffer und den in der Alufolie aufgefangenen Fleischsaft der Rehfilets zu einer Emulsion verrühren und nach und nach das Olivenöl dazugeben.
3. Den Salat mit dem Dressing anmachen und mit den Rehfilets umlegen. Die Champignons in feine Spalten schneiden und darüberstreuen.

> Wildfleisch und Salat harmonieren in feinen, leichten Vorspeisen wie dem Salat mit rosa gebratenem Rehfilet (Weinmann, Eigentliche Darstellung, 1735).

N. 618.
g
d
e
c

Ravioli mit Wildfleischfüllung

Zutaten für 4–6 Personen: **500 g frischer Spinat / 1 Bund Petersilie / 1 Ei / 200 g Ricotta / 200 g Wildfleisch (Hirsch, Reh, Hase oder Wildgeflügel), durch den Fleischwolf gedreht / 50 g Parmesan / Muskat / Salz / Pfeffer / 500 g ausgewellten Nudelteig (vom Bäcker oder aus dem Kühlregal) / 150 g Butter / 10–14 Salbeiblättchen / frisch geriebener Parmesan**

1. Den Spinat putzen, waschen und in kochendem Salzwasser kurz blanchieren. Mit kaltem Wasser abschrecken, ausdrücken und klein hacken.
2. In einer Schüssel den Spinat, die klein geschnittene Petersilie, das Ei, den Ricotta, das durch den Fleischwolf gedrehte Wildfleisch und den Parmesan zu einer geschmeidigen Masse verrühren. Mit Muskat, Salz und Pfeffer würzen.
3. Den ausgewellten Nudelteig auf einer Arbeitsplatte auslegen und mit einem Glas etwa 7–9 Zentimeter große Teigkreise ausstechen.
4. In die Mitte der ausgestochenen Teigkreise etwa einen Teelöffel der Füllmasse setzen, die Ränder mit Wasser bestreichen. Die Ravioli zuklappen und die Ränder andrücken, so dass ein Halbkreis entsteht. Die Ravioli gut verschließen (eventuell mit einem Teigrädchen oder einer Gabel zusätzlich festdrücken). Auf einer bemehlten Platte die Ravioli so nebeneinander legen, dass sie nicht zusammenkleben.
5. Die Ravioli in einen großen Topf mit kochendem Salzwasser geben, 3–5 Minuten ziehen lassen, mit der Schaumkelle herausnehmen und auf einer Platte oder auf Tellern anrichten.
6. Die Butter und die Salbeiblättchen in einer Pfanne leicht braun werden lassen und mit Parmesan zu den Ravioli reichen.

Wildhasenfilet in Tomatensauce

Zutaten für 4 Personen: **4 küchenfertige Wildhasenfilets / 2 EL Olivenöl / Salz / Pfeffer / 200 g Zwiebeln / 500 g Fleischtomaten / 1 EL Weinessig / 100 ml Wildfond / 1 TL Thymianblätter / 1 TL Petersilienblätter / 2 Lorbeerblätter**

1. Die Wildhasenfilets im Olivenöl rundherum ca. 10 Minuten anbraten, salzen und pfeffern. Aus der Pfanne nehmen und zur Seite stellen.
2. Die klein geschnittenen Zwiebeln in der Pfanne mit dem vorhandenen Olivenöl glasig dünsten, die Fleischtomaten mit dem Essig und dem Wildfond dazugeben. Mit Salz, Pfeffer, Thymian, Petersilie und den Lorbeerblättern gut vermengen.
3. Die Sauce etwa eine halbe Stunde einkochen lassen, dann die angebratenen Wildhasenfilets in der Sauce erwärmen.

Tipp: Zu dieser Vorspeise passt Ciabatta.

> Selbst gemacht eine Delikatesse: Ravioli mit Wildfleischfüllung

Eingelegter Hirschrücken

Zutaten für 4–6 Personen – raffiniert und ideal vorzubereiten: **500–700 g Hirschrücken / je 1 Bund Petersilie, Rosmarin und Thymian / je 10 Körner weißer, roter und schwarzer Pfeffer / 10 Wacholderbeeren / 3 Nelken / 10 Pimentkörner / 250 g Salz / 6 EL Zucker / 0,4 cl Kirschwasser (ersatzweise Himbeer- oder Wacholderschnaps) / 1 Tannen- oder Fichtenzweig**

1. Den Hirschrücken von Sehnen befreien, säubern und trockentupfen. Petersilie, Rosmarin und Thymian von den Stielen trennen und fein hacken. Die Pfefferkörner, die Wacholderbeeren, die Nelken und die Pimentkörner grob zerstoßen und mit den Kräutern vermischen.
2. Das Fleisch in der Mischung aus Kräutern und Gewürzen wenden und in eine Gefrier- oder Frischhaltetüte geben.
3. Das Salz und den Zucker mit dem Kirschwasser vermischen und damit den Hirschrücken einpökeln. Darauf achten, dass das Fleisch überall von Kräutern, Gewürzen und dem Gemisch aus Zucker, Salz und Alkohol umschlossen ist. Der Frischhaltetüte einen Tannen- oder Fichtenzweig beilegen, die Tüte gut verschließen und für zwei Tage in den Kühlschrank legen.
4. Zum Anrichten den Hirschrücken mit Küchenpapier trockentupfen und in feine Schreiben schneiden.

Tipp: Dazu passt grüner Salat, in Butter oder Olivenöl angebratenen Pilze (warm oder kalt) und Preiselbeeren.

Lauwarmer Wildkaninchensalat

Zutaten für 4 Personen: **3 Wildkaninchenkeulen (ca. 200 g pro Stück) / Salz / Pfeffer / 8 EL Olivenöl / 2 Karotten / 500 ml Weißwein / 1 Zweig Rosmarin / 1 Zweig Thymian / 10 Cocktailtomaten / 1 Bund Frühlingszwiebeln / 7 Champignons / 50 g Feldsalat / 1 Chicoree / 1 EL grünes Pesto / 2 EL Balsamico-Essig / 1 Bund Schnittlauch**

1. Die Kaninchenkeulen salzen und pfeffern und in einem Bräter mit 5 EL Olivenöl anbraten. Die klein geschnittenen Karotten mit anbraten und anschließend den Bratensatz mit dem Weißwein ablöschen. Die Rosmarin- und Thymianzweige dazulegen. Das Ganze im Backofen bei 180–200 °C eine Stunde schmoren lassen. Immer wieder mit der Flüssigkeit begießen.
2. Währenddessen die Cocktailtomaten halbieren und die Frühlingszwiebeln in dünne Scheiben schneiden. Die Champignons waschen und ebenfalls in dünne Scheiben schneiden. Den Feld- und Chicoreesalat putzen, waschen und trockenschleudern.
3. 10 Minuten vor Ende der Bratzeit die Frühlingszwiebeln und die Champignons zu den Kaninchenkeulen geben. Die Kaninchenkeulen aus dem Ofen nehmen und warm stellen. 100 ml des Bratensatzes mit dem grünen Pesto, dem Essig und dem restlichen Olivenöl zu einem Salatdressing verrühren und dieses mit Salz und Pfeffer abschmecken.
4. Das Kaninchenfleisch von den Knochen lösen und in mundgerechte Stücke schneiden. Auf einem Salatteller den Salat arrangieren und die Kaninchenkeulen mit dem Gemüse auflegen. Vorsichtig mit dem Dressing übergießen und mit Schnittlauchröllchen bestreuen.

Tipp: Dazu passt getoastetes Weißbrot.

> Wildhasen und Kaninchen (Der vollkommene teutsche Jäger, 1719)

Wildtaube mit Schokoladenfeigen

Zutaten für 4 Personen: 2 küchenfertige Wildtauben / Salz / Pfeffer / 30 g Butter / 300 ml Geflügelfond / 7 kleine kernlose Orangen / 120 g Zucker / 10 g Ingwerwurzel / 1 Vanilleschote / 3 Pimentkörner / 5 Korianderkörner / 1 Sternanis / 2 Nelken / 10 g Orangeat / 2 EL Cointreau / 4 frische Feigen / 4 Zartbitterschokoladetäfelchen (ca. 60 g) / 1 TL Zitronenmelisseblätter / 1 TL Pfefferminzblätter

1. Die küchenfertigen Wildtauben von innen und außen salzen und pfeffern und in der Butter scharf anbraten. Mit Geflügelfond ablöschen und 30–35 Minuten im auf 200 °C vorgeheizten Backofen garen lassen. Immer wieder begießen, so dass die Tauben nicht austrocknen.
2. Währenddessen 4 Orangen schälen und filetieren. Aus den restlichen Orangen den Saft pressen. Den Orangensaft mit 100 g Zucker im Topf verrühren und den fein geschnittenen Ingwer dazugeben. Das Vanillemark aus der Schote kratzen und zusammen mit den anderen Gewürzen und dem Orangeat in den Saft geben. Zum Schluss den Cointreau einrühren und alles 15 Minuten köcheln lassen, bis es eine sirupartige Konsistenz besitzt. Den Sirup durch ein Haarsieb streichen.
3. Die Feigen aufschneiden und leicht andrücken, so dass das Fruchtfleisch herausschaut. In die Schnittstellen je ein halbes Schokoladentäfelchen stecken.
4. Die fertigen Tauben auf Teller legen, mit der Orangensauce übergießen und mit den Feigen und Orangenfilets dekorieren. Mit Zitronenmelisse und Pfefferminze bestreuen.

Hamburger Wildsalat

Zutaten für 4 Personen: 250 g Rehbratenreste / 1 Apfel (Elstar oder eine andere säuerliche Sorte) / 5 saure Gurken / 4 Schalotten / 1 kleines Glas Mayonnaise / 1 TL scharfer Senf / Salz / Pfeffer / frischer Zitronensaft

1. Die Rehbratenreste, den Apfel, die sauren Gurken und die Schalotten in kleine Streifen schneiden.
2. Die Mayonnaise mit dem Senf verquirlen und mit Salz und Pfeffer würzen.
3. Alles miteinander verrühren und zum Schluss etwas Zitronensaft dazugeben.

Tipp: Auf Toastbrot servieren.

> Waldszene mit Rehwild, Bären und Wolf (Der vollkommene teutsche Jäger, 1719)

Trappen.
Phasan.
Rebhünner.
Wachteln.
M.M.

<
Wildgeflügel
(Der vollkommene teutsche Jäger, 1719)

Wildomelett mit grünen Salatblättern

Zutaten für 4 Personen: **150 g geräucherter durchwachsener Schinkenspeck / 40 g Butter / 1 Schalotte oder 1 kleine Zwiebel / 300–400 g kaltes Wildfleisch vom Hirsch, Wildschwein oder Reh / 200 g Champignons / 6 Eier / Salz / Pfeffer / Petersilie**

1. Den durchwachsenen Speck mit der Hälfte der Butter auslassen. Die Schalotte in feine Würfel schneiden und im ausgelassenen Fett glasig dünsten, dabei darauf achten, dass die Schalotte keine Farbe annimmt. Dann zur Seite stellen.
2. In der restlichen Butter das in etwa einen Zentimeter große Stücke geschnittene Wildfleisch auf kleiner Hitze rundherum anrösten. Die Champignons in Scheiben schneiden und zusammen mit dem Speck und der Schalotte kurz durchziehen lassen.
3. Die Eier verquirlen, vorsichtig mit Salz und Pfeffer würzen (der Speck enthält schon Salz) und dazugeben. Bei kleiner Hitze unter Rühren ein Omelett formen. Mit Petersilie bestreuen.

Als Beilage eignen sich am besten verschiedene Sorten Salatblätter wie Lollo Rosso, Frisée oder Endivie kombiniert mit Wildkräutern wie Basilikum, Schnittlauch und Kapuzinerkresse; alles sorgfältig waschen, trocknen und auf einem Teller anrichten.

> S. 58/59:
Mit Hunden auf der Jagd
(Der vollkommene teutsche Jäger, 1719)

Dressing: **150 g Naturjoghurt / 1 TL Preiselbeeren / Saft einer halben Zitrone / Salz und Pfeffer / 2 El Sonnenblumen- oder Distelöl**

Joghurt, Preiselbeeren, Zitronensaft, Salz und Pfeffer gut verrühren, dann das Öl hinzugeben und alles zu einer Emulsion schlagen.

Wildgeflügelcreme

Zutaten für 2 Personen: **Reste vom Wildgeflügelbraten (ca. 200 g) / 4 abgetropfte Sardellenfilets / 5 große grüne entsteinte Oliven / 50 g magerer gekochter Schinken / Salz / Pfeffer / 1 EL Tomatenmark / 1 EL Mayonnaise / 10 Kapern / 1 Schuss Worcestersauce / einige Salatblätter**

1. Die Reste vom Bratenfleisch mit den Sardellenfilets, den Oliven und dem gekochten Schinken durch den Fleischwolf drehen. Mit Salz und Pfeffer abschmecken.
2. Das Tomatenmark mit der Mayonnaise, den Kapern und der Worcestersauce mischen.
3. Alles miteinander verrühren und auf frischen Salatblättern anrichten.

Suppen und Eintöpfe

Wildhasensuppe mit Holunder

Zutaten für 4 Personen: **500 g Wildhasenklein / 1 Bund Suppengrün / 1 Zweig Rosmarin / 1 Zweig Thymian / 20 g Butter / Salz / Pfeffer / 2 EL Tomatenmark / 1 l Wildfond oder Fleischbrühe / ¼ l Holunderbeerensaft / 4 EL Crème fraîche / frische Minzeblätter zum Dekorieren**

1. Das Hasenklein in einem Bräter mit dem klein geschnittenen Suppengrün und den Kräutern in der Butter anbraten. Salzen und pfeffern.
2. Das Tomatenmark mitrösten. Das Ganze mit dem Wildfond aufgießen, 40 Minuten sanft köcheln lassen. Durch ein Haarsieb abseihen und die Hasenbrühe zur Seite stellen.
3. Das Hasenfleisch von den Knochen lösen, fein hacken oder durch den Fleischwolf drehen. Den Holundersaft zur Brühe geben und das Wildhasenfleisch einrühren. Nochmals mit Salz und Pfeffer und Crème fraîche abschmecken. Mit den Minzeblättern dekorieren.

Feine Fasanen-Consommé

Zutaten für 4 Personen: **1 Fasan / 40 g Butter / 250 g Pfifferlinge / 1 Zweig Thymian / 1 Zweig Rosmarin / 8 Wacholderbeeren / 1 ½ l Geflügelfond / Salz / Pfeffer / 0,2 cl Cognac**

1. Die Brustfilets des Fasans auslösen und beiseite legen. Den Fasan in 4–6 Stücke teilen und diese in Butter kräftig anbraten. Die Pilze putzen und 8 besonders schöne Pfifferlinge für die Suppeneinlage aufbewahren. Die Pilze klein schneiden und zusammen mit dem Thymian, dem Rosmarin und den Wacholderbeeren mitanbraten.
2. Mit dem Geflügelfond ablöschen und sanft köcheln lassen. Nach einer Stunde die Fasanenbrustfilets für 20 Minuten in der Brühe ziehen lassen. Anschließend herausnehmen und warm stellen.
3. Die Suppe durch ein Haarsieb seihen, mit Salz und Pfeffer abschmecken und mit einem Schuss Cognac verfeinern.
4. Die aufbewahrten Pfifferlinge in Butter kurz andünsten. Die Fasanenfilets in feine Würfel schneiden und zusammen mit den Pilzen als Einlage zur Fasanen-Consommé geben.

‹ Fasan (Gesner, Vogelbuch, 1557)

Festliche Rote-Bete-Suppe mit Reheinlage

Zutaten für 4–6 Personen: **1 Rehschnitzel (ca. 180 g) / 20 g Butter / 400 g rote Bete / 1 mittelgroße Kartoffel / 1 l gute Fleischbrühe / 1 Msp. gemahlener Koriander / Salz / Pfeffer / 4 EL Crème fraîche / 2 EL Sahnemeerrettich / 1 Bund Basilikumblätter**

1. Das Rehschnitzel in 20 g Butter von beiden Seiten jeweils 4 Minuten anbraten. Zur Seite stellen.
2. Die Rote Bete und die Kartoffel weich kochen. Dann durch ein feines Haarsieb passieren und mit der heißen Fleischbrühe aufgießen. Mit Koriander, Salz und Pfeffer würzen.
3. Die Crème fraîche mit dem Sahnemeerrettich verrühren und in jeden Suppenteller mittig einen Esslöffel der Mischung geben. Mit Basilikumblättern verzieren.
4. Ganz zum Schluss das Rehschnitzelfleisch in kleine Würfel schneiden und in die Suppe geben.

Tipp: Dazu passt geröstetes Weißbrot.

Bohnen-Wildeintopf

Zutaten für 4–6 Personen: **500 g Wildfleisch (Hirsch, Reh oder Wildsau) / 100 g durchwachsener Speck, gewürfelt / 3 EL Olivenöl / 1–2 Zwiebeln / 1 Knoblauchzehe / 500 g geschälte Tomaten (aus der Dose) / 1 l Brühe oder Wildfond / 500 g grüne Bohnen / 1 Bund Bohnenkraut / 1 Lorbeerblatt / Peperoncini (je nach Schärfe) / Salz / Pfeffer / feinstes Olivenöl / frisch geriebener Parmesankäse**

1. Das in mundgerechte Stücke zerteilte Fleisch zusammen mit dem gewürfelten Speck in Olivenöl anbraten. Die Zwiebeln und den Knoblauch fein hacken, dazugeben, mit den Tomaten und der Brühe ablöschen und das Ganze für 15 Minuten kochen lassen.
2. Die geputzten und gewaschenen Bohnen klein schneiden und mit dem Bohnenkraut und dem Lorbeerblatt zum Eintopf geben und für weitere 20–30 Minuten köcheln lassen, bis die Bohnen gar sind.
3. Die Bohnenkrautstiele und das Lorbeerblatt aus der Flüssigkeit entfernen und mit Peperoncini, Salz und Pfeffer abschmecken. Verfeinert wird der Eintopf mit einem Schuss feinsten Olivenöls und frisch geriebenem Parmesankäse.

> Eine Suppe für besondere Gelegenheiten: festliche Rote-Bete-Suppe mit Reheinlage

Frischlingsrückeneintopf mit Kartoffeln, Petersilienwurzeln und Lauch

Zutaten für 4–6 Personen: **750 g ausgelöster, küchenfertiger Frischlingsrücken / Salz / Pfeffer / 250 g durchwachsener Speck, gewürfelt / 1 Bund Frühlingszwiebeln / 10 neue Kartoffeln / 4 Stangen Lauch / 2 Petersilienwurzeln / 2 Schalotten / 2 EL Butterschmalz / ½ l Weißwein / 2 l Fleischbrühe / 1 TL Thymianblätter / 1 TL Kümmel, angestoßen**

1. Den Frischlingsrücken in mundgerechte Stücke schneiden und mit Salz und Pfeffer würzen. Zusammen mit dem gewürfelten Speck und dem in kleine Stücke geschnittenen Gemüse im Bräter mit Butterschmalz anbraten.
2. Mit dem Weißwein und der Fleischbrühe ablöschen und eine Stunde auf kleiner Flamme köcheln lassen. In der letzten Viertelstunde Thymian und Kümmel mitköcheln lassen.

Tipp: Dazu passt frisches Bauernbrot.

Treibjagd-Eintopf

Eine Treibjagd bietet fast immer die Gewähr, dass zum Beispiel Reh und Wildschwein auf der Strecke bleiben. Für den Eintopf verwendet man Teile des erlegten Wildes, etwa Rippenstücke oder Hals. Dieser Treibjagd-Eintopf eignet sich hervorragend, die Jagd kulinarisch ausklingen zu lassen, und kann auch unter freiem Himmel gekocht und angerichtet werden. Und falls einmal niemand zum Schuss kam, kann er durch den hohen Gemüseanteil auch als vegetarische Suppe zubereitet werden.

Zutaten für 6–8 Personen: **1 kg gemischtes Wildfleisch / 1 Zwiebel / 4 El Olivenöl / ¼ l kräftiger Rotwein / Salz / Pfeffer / 2 Lorbeerblätter / 1 Sellerieknolle / 500 g Karotten / 2 Stangen Lauch / 500 g Kartoffeln / 1 Bund Petersilie**

1. Das gesäuberte und gehäutete Wildfleisch in mundgerechte Stücke schneiden und zusammen mit der klein gehackten Zwiebel von allen Seiten in Olivenöl anbraten. Mit einem Schuss Rotwein ablöschen und so viel Wasser zugeben, dass das Wildfleisch bedeckt ist. Salz, Pfeffer und Lorbeerblätter hinzufügen und das Ganze 15 Minuten köcheln lassen.
2. Anschließend das geputzte und klein geschnittene Gemüse sowie die gehackte Petersilie dazugeben und weitere 30 Minuten bei geringer Hitze sieden lassen.

Tipp: Dazu passen geröstete Weißbrotscheiben.

Gebundene Wildsuppe mit Pilzen

Zutaten für 4 Personen: **400 g Wildfleisch (Hirsch, Reh, Wildschwein etc.) / zerhackte Wildknochen / 500 g Wurzelgemüse (Sellerie, Karotten, Petersilienwurzel) / 1 Bund Liebstöckel oder Petersilie / Zitronenschale (unbehandelt) / 2 Lorbeerblätter / 5 Pfefferkörner / Salz / 1 kleine Zwiebel oder Schalotte / 60 g Butter / 1 EL Mehl / 200 ml süße Sahne / Pfeffer / Zitronensaft / Für die Einlage: 200–300 g frische Waldpilze (Steinpilze, Pfifferlinge, Maronen, ersatzweise Champignons)**

1. Wildfleisch, Knochen, Wurzelgemüse, Liebstöckel bzw. Petersilie, Zitronenschale, Lorbeer, Pfeffer und Salz werden mit 1 ½ l (kaltem) Wasser aufgesetzt und etwa eine Stunde lang zu einem kräftigen Suppenfond gekocht. Durch ein Haarsieb abseihen.
2. Die Zwiebel oder Schalotte sehr fein würfeln, in 40 g Butter anbraten, mit Mehl bestreuen und mit dem Suppenfond ablöschen. Die Sahne dazugeben und ca. 20 Minuten leicht köchelnd reduzieren. Mit Salz, Pfeffer und ein paar Tropfen Zitronensaft abschmecken.
3. Die Pilze säubern, in feine Würfel oder Scheiben schneiden und in der restlichen Butter rasch anbraten. Die Pilze salzen und pfeffern und über die Suppe streuen, heiß servieren.

Tipp: Aus dem Wildfleisch der Suppe lassen sich wunderbare Füllungen für Maultaschen, Flädle und Ravioli machen.

› Hier zeigt sich der Wald von seiner schmackhaftesten Seite: Wildsuppe mit feinen Waldpilzen (Krombholz, Naturgetreue Abbildungen, 1831–1846).

Wildkraftbrühe mit Sherry und Gemüseeinlage

Zutaten für 4 Personen: **250 g Wildfleisch (besonders eignet sich Dam- und Rotwild) / 1 kg verhackte Wildknochen / Salz / 2 Karotten / 1 Petersilienwurzel / 1 Zwiebel / 1 Knoblauchzehe / ¼ Sellerieknolle / 2 Lorbeerblätter / 1 Zweig Thymian / 8–10 schwarze Pfefferkörner / 8–10 Wacholderbeeren / 1 Nelke / 0,4 cl Sherry / in Salzwasser blanchierte Gemüsejuliennnes von Karotten, Sellerie und Lauch**

1. Fleisch und Knochen sorgfältig waschen und mit 1,5 l kaltem Wasser aufsetzen, zum Kochen bringen und salzen. Die Hitze zurücknehmen und den sich bildenden Schaum immer wieder abschöpfen.
2. Nach einer Stunde das geputzte Gemüse und die Gewürze zugeben und für eine weitere Stunde sanft köcheln lassen. Die Brühe durch ein feines Sieb abseihen. Abermals zum Kochen bringen, mit Salz und Sherry abschmecken und die Gemüsejuliennes hinzufügen.

Hubertustopf

Zutaten für 4 Personen: **750 g Hirschfleisch / 3 EL Olivenöl / Salz / Pfeffer / 250 g durchwachsener Speck / 2 Zwiebeln / 250 ml Weißwein / 2 Lorbeerblätter / 10 Wacholderbeeren / 1 Zweig Rosmarin / 1 Zweig Thymian / 1 Zweig Salbei / ¼ l Fleischbrühe / 0,4 cl Calvados**

1. Das Fleisch würfeln, im Olivenöl scharf anbraten, salzen und pfeffern.
2. Den Speck und die Zwiebeln würfeln und ebenfalls anbraten. Mit dem Weißwein ablöschen.
3. Mit den Lorbeerblättern, den zerstoßenen Wacholderbeeren und den Kräutern würzen, die heiße Fleischbrühe dazugießen und die Fleischstücke dazugeben.
4. Alles im Schmortopf zugedeckt mindestens eine Stunde bei 180–200 °C garen lassen, eventuell ab und zu noch etwas Fleischbrühe nachgießen. Zum Schluss mit dem Calvados verfeinern. Die Fleischstücke herausnehmen und warm stellen, die Sauce durch ein Haarsieb streichen.

Tipp: Dazu passen Sauerkraut und Kartoffelbrei.

> Einfach und delikat: Wildkraftbrühe mit Sherry und Gemüseeinlage

La Guita
Sanlúcar de Barrameda

Fin de la Chasse du Sanglier.

Hauptgerichte

Koteletts vom Frischling

Zutaten für 4 Personen: **4 Koteletts vom Frischling (je ca. 180 g) / 40 g Butter / Salz / Pfeffer / 1 Schalotte / 400 g Champignons / 0,4 cl Sherry / 100 ml Schlagsahne / 100 ml Wildfond (ersatzweise Fleischbrühe) / ½ Bund Petersilie**

1. In einer Pfanne die Koteletts in 20 g Butter auf beiden Seiten etwa 3 Minuten anbraten. Salzen, pfeffern und warm stellen.
2. In der restlichen Butter die Schalotte und die Champignons anbraten, den Bratensatz mit dem Sherry ablöschen, die Sahne und den Wildfond hinzufügen und die Sauce durch starkes Kochen um ein Drittel reduzieren.
3. Die Wildschweinkoteletts in der Sauce erhitzen, noch einmal mit Salz und Pfeffer abschmecken und die fein gehackte Petersilie über Sauce und Koteletts verteilen.

Tipp: Dazu reicht man Spätzle oder Knödel und einen grünen Salat.

< Wildschweinjagd (La Vénerie de Jacques de Fouilloux, 1650)

Festliche Hirschmedaillons mit Kirschen, Zimt und Walnüssen

Zutaten für 4 Personen: **2 EL ÖL / 4 Hirschmedaillons (ca. 175 g pro Stück) / 3 EL Cherry Brandy / 150 ml Rotwein / 1 Zimtstange / 150 ml Wildfond / 50 g entkernte Kirschen aus dem Glas / 1 EL Johannisbeergelee / 150 g gehackte Walnüsse / 1 Msp. Lebkuchengewürz / 1 EL Crème fraîche**

1. Das Öl in einer Pfanne erhitzen und die Medaillons darin 5 Minuten goldbraun braten. Anschließend mit Alufolie abdecken und warm stellen.
2. Den Bratenansatz mit dem Cherry Brandy und dem Rotwein lösen. Dann die Zimtstange dazulegen und die Sauce einköcheln lassen. Den Wildfond und die Kirschen hinzufügen und alles nochmals 5 Minuten köcheln lassen.
3. Die Zimtstange herausnehmen und das Johannisbeergelee, die Walnüsse, das Lebkuchengewürz und die Crème fraîche in die Sauce geben.
4. Kurz vor dem Servieren die Medaillons dazugeben.

Tipp: Dazu passen Spätzle oder Semmelknödel.

Fasan mit allerlei Früchten

Zutaten für 2 Personen: **1 Fasan, küchenfertig / 50 g Butter / 250 ml roter Traubensaft / frischer Orangensaft von 2 Orangen / 200 ml Weißwein / 1 Glas Cognac / Salz / Pfeffer / 7 frische Brombeerblätter / 1 EL Mehl / 300 g Brombeeren / 200 g rote Weintrauben / 200 g Himbeeren / 1 Orange**

1. Den Fasan dressieren, das heißt die Beine mit Küchengarn eng an den Körper binden. Die Hälfte der Butter in einem Bräter zerlassen und den Fasan rundherum scharf anbraten.
2. Mit dem Traubensaft, dem Orangensaft, dem Weißwein und dem Cognac ablöschen. Mit Salz und Pfeffer würzen. Bei geringer Hitze 30–40 Minuten schmoren lassen. Zehn Minuten vor Ende der Schmorzeit die zu einem Sträußchen gebundenen Brombeerblätter dazugeben.
3. Den fertigen Fasan auf einen Servierteller legen und warm halten.
4. In die Bratensauce die restliche Butter geben und das Mehl mit dem Schneebesen einrühren. Die Sauce noch einmal kurz aufkochen und dann durch ein Haarsieb streichen, dabei die Brombeerblätter entfernen. Eine Handvoll Brombeeren in die Sauce geben und verrühren. Die Sauce in einer Sauciere warm halten.
5. Die Weintrauben, die restlichen Brombeeren und die Himbeeren waschen und um den Fasan herum arrangieren. Die Orange filetieren und den Fasan mit den Orangenspalten garnieren.

Frikassee vom Wildkaninchen

Zutaten für 4–6 Personen: **2 Wildkaninchen / 1 Bund Suppengrün / 1 Zwiebel / 2 Lorbeerblätter / 2 Nelken / 60 g Butter / 1 Zweig Thymian / 1 Knoblauchzehe / 250 ml Weißwein / 250 ml Fleischbrühe / 20 g Mehl / 200 ml Schlagsahne / Salz / weißer Pfeffer aus der Mühle**

1. Die küchenfertigen Wildkaninchen in je 4 Teile zerlegen. Das Suppengrün putzen, waschen und klein schneiden. Die Zwiebel mit den Lorbeerblättern und den Nelken spicken.
2. In 30 g Butter die Wildkaninchenstücke anbraten, das Suppengrün, die gespickte Zwiebel, den Thymianzweig und die Knoblauchzehe dazugeben und alles mit Weißwein und Fleischbrühe ablöschen. 30–40 Minuten zugedeckt sanft köcheln lassen.
3. Die Kaninchenteile aus der Brühe nehmen und das Fleisch von den Knochen lösen. Das Kaninchenfleisch in feine Stücke schneiden; die Brühe durchsieben.
4. In der restlichen Butter das Mehl leicht anrösten und mit der durchgesiebten Brühe und der Schlagsahne ablöschen. Das Ganze 20 Minuten köcheln lassen.
5. Das Fleisch in der Sauce erwärmen, salzen und mit weißem Pfeffer abschmecken.

Tipp: Hierzu passt optisch eine Mischung aus weißem und schwarzem Reis, die auch sehr gut schmeckt.

Hirschedelgulasch mit Semmelsoufflé

Zutaten für das Hirschgulasch für 4–6 Personen:
1,5 kg Hirschgulasch, küchenfertig / 40 g Butter / Salz / Pfeffer / 100 g grüner Speck / 1 Zwiebel / 1 TL frischer geriebener Ingwer / 2 Knoblauchzehen, in kleinen Stücken / 2 säuerliche Äpfel (Elstar o.Ä.) / 2 EL Tomatenmark / 500 ml Wildfond oder gute Fleischbrühe / ¼ l Johannisbeersaft / 1 TL Basilikumblätter / 1 TL Majoranblätter / 1 TL Rosmarinblätter / 4 EL Crème fraîche

1. Das Hirschgulasch in 20 g Butter anbraten, salzen und pfeffern. Zur Seite stellen.
2. Den Speck in Würfel schneiden, in einem Bräter in der restlichen Butter auslassen, die klein geschnittene Zwiebel, den Ingwer und Knoblauch, ebenso die klein geschnittenen Apfelstücke und das Tomatenmark dazugeben und mitbraten lassen. Dann das Hirschgulasch hinzufügen.
3. Mit der heißen Fleischbrühe und dem Johannisbeersaft ablöschen, dann den Bräter schließen und das Gulasch 1,5 Stunden im Backofen bei 160 °C schmoren lassen. Wenn zu viel Flüssigkeit verdampft, Fleischbrühe oder Johannisbeersaft nachgießen. 10 Minuten vor Ende der Schmorzeit die frischen, klein geschnittenen Kräuter dazugeben. Noch einmal mit Salz und Pfeffer abschmecken und vorsichtig die Crème fraîche unterziehen.

Zutaten für das Semmelsoufflé: 1 Zwiebel / 40 g Butter / 4 Semmeln vom Vortag / 4 Eier / ca. 250 ml süße Sahne / 1 TL Majoranblätter, frisch / 2 TL Petersilieblätter, frisch / Salz / Pfeffer

1. Die Zwiebel würfeln und in der Butter glasig anschwitzen.
2. Die altbackenen Semmeln in Stücke schneiden, zusammen mit den Zwiebelwürfeln und den Eiern in eine Schüssel geben und durchkneten.
3. Die warme Sahne (darf nicht aus dem Kühlschrank sein) untermischen, bis die Masse eine halbfeste Konsistenz hat.
4. Mit den Kräutern sowie Pfeffer und Salz abschmecken und in eingefettete Auflauf- oder Puddingförmchen einfüllen. Diese im Wasserbad im vorgeheizten Ofen bei 160 °C aufgehen lassen. Je nach Formgröße unterscheidet sich die Garzeit. Aus den Förmchen stürzen und servieren.

Ragout mit Rehleber

Zutaten für 4 Personen: **Butter zum Andünsten / 50 g geräucherte durchwachsene Speckwürfel / 1 große Zwiebel / 400 g Rinderhackfleisch / Salz / Pfeffer / 1 Prise Zucker / 1 EL Tomatenmark / ¼ l kräftiger italienischer Rotwein / 500 g gehäutete Tomaten / 2 Lorbeerblätter / 200 g Rehleber, durch den Fleischwolf gedreht / 400 g Tagliatelle oder andere Nudeln nach Wahl / Parmesan**

1. Die Butter in einer Kasserolle zerlassen und die Speckwürfel mit der fein gehackten Zwiebel andünsten. Das Rinderhackfleisch dazugeben, salzen, pfeffern und mit einer Prise Zucker würzen; alles kräftig anbraten und kurz mit dem Tomatenmark anrösten (Vorsicht: Tomatenmark wird bei zu großer Hitze leicht bitter). Mit dem Rotwein unter ständigem Rühren ablöschen.
2. Die gehäuteten Tomaten in mundgerechte Stücke zerteilen und mit den Lorbeerblättern dazugeben. Ca. 50 Minuten leicht köcheln lassen. Sollte das Ragout zu trocken werden, kann Rinderbrühe, Tomatensaft oder Rotwein zugegossen werden. Die gesäuberte Rehleber durch den Fleischwolf drehen (dies erledigt am besten der Metzger) und dem Ragout beigeben, das Ganze weitere 10 Minuten ziehen lassen.
3. Währenddessen die Nudeln al dente kochen und mit dem Ragout vermischen. Nach Gusto Parmesan darüberstreuen, dann servieren.

Rehschnitzel mit gebratenen Äpfeln und Speck

Zutaten für 4 Personen: **4 Rehschnitzel (je ca. 170 g) / 70 g kalte Butter / Salz / Pfeffer / 4 Scheiben Frühstücksspeck (ca. ½ Zentimeter dick) / 2 säuerliche Äpfel / 1 Prise Zimt / 1 TL Dijonsenf / 125 ml Rotwein / 125 ml Wildfond (ersatzweise Fleischbrühe) / 125 ml Schlagsahne / 1 EL Johannisbeergelee**

1. Die Rehschnitzel in 20 g Butter von beiden Seiten je 5 Minuten anbraten, salzen und pfeffern und bei 80 °C im Backofen warm stellen. In derselben Pfanne den Frühstücksspeck kross braten und ebenfalls warm halten.
2. Die Äpfel schälen, in Ringe schneiden, in 20 g Butter von beiden Seiten anbraten und mit Zimt würzen.
3. Den Dijonsenf in den Bratensatz von Rehfleisch und Speck geben und mit dem Rotwein lösen. Den Wildfond, die Schlagsahne und das Johannisbeergelee hinzufügen und leicht köchelnd reduzieren lassen. Die restliche Butter in kleinen Flocken zur Sauce geben und sie damit binden (montieren). Mit Salz und Pfeffer abschmecken.
4. Zum Anrichten legt man die Speckscheiben auf die Rehschnitzel, verteilt die Apfelringe darüber und reicht die Sauce separat.

Tipp: Hierzu passen Spätzle, Kartoffelpüree oder Knödel.

>
Einfach lecker:
Ragout mit Rehleber

Das Rehe.

Die Gembse.

Feine Wildschweinlende mit Pflaumen

Zutaten für 4 Personen: 200 g getrocknete Pflaumen / 200 ml Portwein / 600 g Wildschweinlende / 3 EL Olivenöl / Salz / Pfeffer / 1 Zwiebel

1. Die getrockneten Pflaumen entkernen und für ca. 2 Stunden in Portwein einweichen.
2. Die Wildschweinlende zu Steaks schneiden und leicht flach klopfen. Die Steaks in Olivenöl durchbraten, salzen, pfeffern und warm stellen.
3. Eine klein geschnittene Zwiebel im Bratensatz rösten, die eingeweichten Pflaumen dazugeben und alles mit Portwein ablöschen. Die Sauce um ein Drittel reduzieren lassen.
4. Die Wildschweinsteaks in der Sauce noch einmal erwärmen und erneut mit Salz und Pfeffer abschmecken.

Tipp: Reis und frischer Gartensalat sind passende Beilagen.

Bayerischer Gamsbraten

Zutaten für 6 Personen: 1,5–2 kg Gämsenschlegel oder Gämsenrücken / 150 g geräucherter Speck / 30 g Butter / 3 Bund Suppengrün / 1 große Zwiebel / 6 Wacholderbeeren / 12 schwarze Pfefferkörner / ¼ l Rotwein / Salz / 3 Knoblauchzehen / 1 EL Tannennadeln / 2 EL Tannenhonig / 3 EL Schlagsahne

1. Den abgehangenen Gamsbraten von allen Sehnen und Häuten befreien.
2. Den Speck in kleine Würfel schneiden und in der Butter anbraten. Den Gamsbraten darin bei starker Hitze von allen Seiten scharf anbraten. Den Braten herausnehmen und zur Seite stellen.
3. Das gewaschene Suppengrün klein hacken, ebenso die Zwiebel. Zusammen mit den zerstoßenen Wacholderbeeren und den Pfefferkörnern in einen Bräter geben. Das Fleisch darauflegen und mit dem Rotwein und ebenso viel Wasser übergießen. Salzen und unter häufigem Begießen und eventuellem Wenden mindestens 1 ¼ Stunden bei 180 °C braun braten lassen.
4. Eine Viertelstunde vor Bratende die Knoblauchzehen und einige Tannennadeln der Sauce beifügen. Den Braten mit Tannenhonig einpinseln und im heißen Ofen glasieren. Den Braten herausnehmen und warm stellen.
5. Die Sauce durch ein Haarsieb streichen und nach Gusto mit dem süßen Rahm verfeinern. Das Fleisch schön aufschneiden und mit der Sauce übergießen.

Tipp: Dazu passen Semmelknödel und Preiselbeerkompott.

<
Reh und Gämse (Der vollkommene teutsche Jäger, 1719)

Gämsenpfeffer

Da Gämsenfleisch oft sehr fest und muskulös ist, empfiehlt es sich, das Wildbret vor der Zubereitung in eine Rotwein- oder eine Essig-Beize einzulegen (siehe Marinaden und Beizen).

Zutaten für 4–6 Personen: **800 g Gämsenfleisch in mundgerechten Stücken / 40 g Butterschmalz / Salz / Pfeffer / 200 g Wurzelgemüse (Karotten, Sellerie, Petersilienwurzel) / 1 Zwiebel / 1 Knoblauchzehe / 1 El Mehl / 2 EL Tomatenmark / 250 ml Rotwein / 250 ml Wildfond (ersatzweise Fleischbrühe) / 2 Lorbeerblätter / 1 Rosmarinzweig / 1 Thymianzweig / 100 ml Schlagsahne**

1. Die Gämsenfleischstücke in einer Kasserolle in Butterschmalz rundherum kräftig anbraten. Salzen und Pfeffern. Das geputzte und klein geschnittene Wurzelgemüse, die fein gehackte Zwiebel und die Knoblauchzehe dünsten. Mit Mehl bestäuben und das Tomatenmark kurz mitrösten.
2. Mit Rotwein ablöschen und mit Wildfond aufgießen. Lorbeerblätter, Rosmarin- und Thymianzweig dazugeben und 1 ½ Stunden schmoren. (Falls zu wenig Flüssigkeit vorhanden ist, Rotwein oder Wildfond zugießen.)
3. Die Fleischstücke herausnehmen und warm stellen. Die Sauce durch ein Sieb passieren und mit der Schlagsahne kurz aufkochen. Das Gämsenfleisch zurück in die Sauce geben.

Tipp: Nudeln, Kartoffeln oder Semmelknödel sind ideale Begleiter.

Gefüllte Wildente

Zutaten für 4 Personen: **1 ausgenommene Wildente / Salz / 2 Hühnerlebern / 1 Wildentenleber / 100 g Schweinelende / 30 g gut durchwachsener Speck / 1 Knoblauchzehe / 1 Zweig Thymian / 1 kleine Zwiebel / 4 EL Rotwein / Pfeffer / 70 g Butter / 100 ml Weißwein**

1. Die ausgenommene Wildente von innen mit Salz einreiben. Die Lebern, das Schweinefleisch, den Speck, die Knoblauchzehe, die Thymianblätter und die Zwiebel klein schneiden und zusammen mit dem Rotwein zu einer Füllung vermengen.
2. Die Wildente mit der Füllung stopfen und zunähen. Anschließend auch von außen salzen und pfeffern. Mit 30 Gramm Butter bestreichen.
3. Im Backofen etwa 1 ½ Stunden bei ca. 180 °C braten.
4. Die Ente herausnehmen, wenn sie knusprig braun ist. Den Bratenfond mit dem Weißwein aufkochen und mit der restlichen Butter verfeinern. Heiß über die Ente gießen.

Tipp: Dazu passen Blaukraut und Kartoffelknödel.

> Wildente (Gesner, Vogelbuch, 1557)

Von der grösseren wilden blawen Enten/Stortzent genennt.

Anas fera torquata maior.

Rebhuhn in Senf-Dill-Sauce

Zutaten für 4 Personen: 2 Rebhühner, küchenfertig / ½ TL Chilipulver / Salz / Pfeffer / 2 Scheiben grüner Speck / 80 g Butter / 200 ml Wildfond / 1 EL Mehl / 1 TL scharfer Dijonsenf / 150 ml Schlagsahne / 1 Bund Dill / ½ Bund Petersilie

1. Die ausgenommenen Rebhühner von innen mit dem Chilipulver ausstreichen. Anschließend die Rebhühner salzen und pfeffern. Mit je einer Scheibe Speck umwickeln und diesen mit Küchengarn fixieren.
2. In einem Bräter die zwei Rebhühner mit 40 g Butter bei mittlerer Hitze anbraten. Den Wildfond erhitzen. Mit dem heißen Wildfond nach und nach ablöschen. Ca. 35 Minuten (je nach Alter des Rebhuhns) bei mittlerer Hitze gar kochen. Zur Seite stellen und warm halten.
3. Zwischenzeitlich das Mehl und den scharfen Senf in der restlichen Butter kurz anrösten.
4. Diese Mischung in die restliche Bratensauce geben und köcheln lassen. Die Sahne einrühren und die Sauce auf die gewünschte Konsistenz einkochen lassen. Die Rebhühner damit übergießen.
5. Ganz zum Schluss den gewaschenen Dill und die Petersilie klein schneiden und über die Rebhühner streuen.

Tipp: Dazu passen Butterkartoffeln und ein frischer Gartensalat.

< Etwas aufwendiger in der Zubereitung, aber dafür äußerst lecker: Hasenrücken.

Raffinierter Hasenrücken

Zutaten für 4 Personen: 2 Hasenrücken (jeder sollte mindestens 500 g wiegen) / Salz / Pfeffer / 1 Karotte / 1 kleine Stange Lauch / 1 kleine Zwiebel / 100 g Butter / 1 Zweig Rosmarin / 10 Wacholderbeeren / 1 EL Tomatenmark / 50 ml Weißwein / 20 g Mehl / 300 ml Wildfond / 30 g Preiselbeermarmelade / 100 g süße Sahne

1. Die beiden Hasenrücken enthäuten und die Sehnen entfernen (parieren). Mit Salz und Pfeffer würzen. Das Gemüse putzen, schälen und in kleine Stücke schneiden. Währenddessen den Backofen auf 220 °C vorheizen.
2. Die Butter im Bräter zerlassen und die Hasenrücken von beiden Seiten anbraten. Das Gemüse, den Rosmarinzweig und die zerstoßenen Wacholderbeeren dazugeben. Im Ofen ca. 15–20 Minuten weiterbraten.
3. Den Bräter aus dem Ofen nehmen, den Braten herausnehmen und warm stellen. Das Tomatenmark zum Gemüse dazugeben und unter Rühren mitrösten. Nach und nach mit Weißwein ablöschen und einköcheln lassen. Das Gemüse leicht mit dem Mehl bestäuben. Den Wildfond einrühren und die Preiselbeermarmelade dazugeben.
4. Die Sauce einköcheln lassen, die Sahne dazugeben und nochmals aufkochen. Mit Salz und Pfeffer abschmecken und durch ein Haarsieb streichen.
5. Die Hasenrücken in schöne Scheiben schneiden, die Sauce extra servieren.

Tipp: Dazu passen Rosenkohl und Kartoffelkroketten.

Indischer Fasan

Bereits im alten Indien speisten die Maharadschas und, von ihrer Küche fasziniert, später die englischen Kolonialherren die besondere Mischung aus Wildfleisch und Orange.

Zutaten für 4 Personen: **2 küchenfertige Fasane, geviertelt / 1 TL Ingwerpulver / Salz / Pfeffer / 3 EL Olivenöl / 5 Orangen / 1 Glas Mangochutney (125 g) / 1 TL Curry / ½ TL Vindaloopaste**

1. Die geviertelten, küchenfertigen Fasane mit dem Ingwerpulver bestreichen und mit Salz und Pfeffer würzen. Im heißen Olivenöl in einem Bräter von allen Seiten scharf anbraten, anschließend herausnehmen und zur Seite stellen.
2. Die Orangen filetieren. Zusammen mit dem Mangochutney, dem Curry und der Vindaloopaste in den Bräter geben und alles miteinander verrühren. Die Fasanenstücke wieder dazugeben und bei 150 °C im Backrohr ca. 80 Minuten braten.
3. Die Fasanenviertel herausnehmen und in einer hitzebeständigen Pfanne weitere 20 Minuten knusprig braun braten lassen. Zeitgleich die Sauce im Bräter auf kleiner Stufe weiterköcheln lassen, bis die Fasanenviertel serviert werden können.

Tipp: Dazu passt als Beilage Basmatireis.

Schnepfe in Curryzitronensauce

Zutaten für 4 Personen: **2 Schnepfen, küchenfertig / Salz / Pfeffer / 60 g Butter / ¼ l Wildfond / 1 große Zwiebel / 2 TL Currypulver / 1 TL Zitronenverbeneblätter / 1 TL Zitronenmelisseblätter / Saft von 1 Zitrone**

1. Die küchenfertigen Schnepfen salzen und pfeffern. Die Hälfte der Butter im Bräter heiß werden lassen und die Schnepfen bei mittlerer Hitze von allen Seiten 15 Minuten anbraten.
2. Den Wildfond erhitzen. Währenddessen die in Würfel geschnittene Zwiebel in der anderen Hälfte der Butter glasig dünsten lassen. Das Currypulver dazugeben und unter kräftigem Rühren nach und nach den heißen Wildfond zugießen.
3. Die Schnepfen in die Currysauce legen und für 45 Minuten im Backofen bei 160 °C braten lassen.
4. Die frischen, klein gehackten Kräuter ganz zum Schluss zur Sauce geben und diese mit Zitronensaft abschmecken.

Tipp: Dazu passt Basmatireis.

› Schnepfe (Heppe, Der Vogelfang, 1797)

L. de Wildungen ad viv: pinx: | J. Vogel gestochen Nürnbg.

Scolopax Rusticola. Waldschnepfe.

1

2

3

Festlicher Rehrückenbraten

Zutaten für 4 Personen: **1 kg Rehrücken / Salz / Pfeffer / 70 g Butterschmalz / 300 g Rehknochen und Rehsehnen (Parüren) / 1 Stück durchwachsener Speck / 1 Karotte / 1 Sellerieknolle / 1 Zwiebel / 2 EL Tomatenmark / 300 ml Rotwein / 20 g Mehl / 400 ml Wildfond / 1 Zweig Thymian / 1 Zweig Rosmarin / 5 Lorbeerblätter / mindestens 10 getrocknete Wacholderbeeren / 100 g saure Sahne / 1 cl Gin / 2 Birnen / Zucker / 600 g Pilze (Pfifferlinge, Steinpilze o. Ä.) / 20 g Butter / 4 TL Johannisbeermarmelade**

<
Hirsche (Bertuch, Bilderbuch für Kinder, 1792–1798)

1. Den Rehrücken enthäuten und mit Salz und Pfeffer würzen. Den Backofen auf 200 °C vorheizen. Währenddessen 50 g Butterschmalz in einem Bräter zerlassen und das Fleisch darin von beiden Seiten scharf anbraten. 20–30 Minuten im Ofen weiterbraten lassen, dann zur Seite stellen und warm halten.
2. Zwischenzeitlich die Parüren und Rehknochen mit der Speckschwarte im restlichen Butterschmalz anrösten und das geputzte, klein geschnittene Gemüse dazugeben. Ca. 5 Minuten im Topf mitbraten. Das Tomatenmark dazugeben und ein paar Minuten mitrösten, dabei den Bratensatz portionsweise mit dem Rotwein ablöschen.
3. Das Mehl zu den Knochen und dem Gemüse einstreuen und den Wildfond dazugeben. Die gewaschenen Kräuter zu einem Sträußchen binden und mit den Wacholderbeeren dazugeben, alles zusammen 20 Minuten köcheln lassen.
4. Durch ein Haarsieb abseihen und die Sauce nun mit der sauren Sahne, dem Gin sowie Pfeffer und Salz abschmecken.
5. Die Birnen halbieren und in gezuckertem Wasser weich kochen, aber nicht zu lange kochen lassen, da sie sonst zerfallen. Die Waldpilze sorgfältig putzen und in einer Pfanne mit der Butter bei starker Hitze maximal 5 Minuten braten. Mit Salz und Pfeffer abschmecken.
6. Das Rehrückenfleisch vom Knochen lösen und in Scheiben schneiden.
7. Die Rehrückenfleischscheiben auf einer vorgewärmten Platte anrichten, die warmen Birnenhälften mit der Johannisbeermarmelade füllen und die Pilze neben dem Fleisch arrangieren.

Tipp: Dazu passen hervorragend selbst gemachte Spätzle.

Wildkaninchen mit Pflaumen

Zutaten für 2–4 Personen: **1 zerlegtes Wildkaninchen / Essigmarinade (siehe Kapitel Marinaden) / Salz / Pfeffer / 60 g Butter / 500 g Pflaumen / 3 TL Zucker / 1 Zimtstange / 2 Nelken / 3 TL Pflaumenmus**

1. Das zerlegte Wildkaninchen mindestens 24 Stunden in einer Essigmarinade einlegen.
2. Die Wildkaninchenstücke mit Küchenpapier abtrocknen, salzen und pfeffern und in der Butter anrösten.
3. Währenddessen die Pflaumen waschen, entkernen und in Hälften schneiden. Mit wenig kaltem Wasser, dem Zucker, der Zimtstange und den Nelken ansetzen und ein paar Minuten weich köcheln lassen.
4. Die Essigmarinade, in der das Kaninchen eingelegt war, mit dem Pflaumenmus verrühren. Das warme Pflaumenkompott dazugeben und über die Wildkaninchenstücke gießen. Im auf 200 °C vorgeheizten Backofen (mittlere Stufe) für 30–40 Minuten (je nach Alter des Kaninchens) braten.

Tipp: Dazu passen Knödel oder Spätzle.

Rehleber mit Apfel- und Zwiebelringen

Es gehört zu den Privilegien des Jägers, dass er den Aufbruch (zu dem die Leber gehört) für sich beanspruchen kann. Deshalb ist Rehleber relativ schwierig käuflich zu erwerben. Glücklich kann sich schätzen, wer von einem Jäger eine Rehleber erhält oder zu diesem schmackhaften Gericht eingeladen wird.

Zutaten für 2–3 Personen: **1 Rehleber / ½ l Milch / 2 EL Butterschmalz / ⅛ l Rotwein / Salz / Pfeffer / 4 Zwiebeln / 3 Äpfel (Sorte Elstar oder andere säuerliche Sorten)**

1. Das Häutchen der Rehleber mit einem scharfen Messer abziehen. Anschließend die Rehleber in ein tiefes Gefäß geben und mit Milch übergießen, so dass die ganze Leber bedeckt ist. Mindestens 4 Stunden ruhen lassen. Die Milch lindert etwas den typischen Lebergeschmack und macht das Aroma feiner.
2. In einer Pfanne Butterschmalz erhitzen und die Rehleber von beiden Seiten anbraten. Anschließend die Hitze zurücknehmen und die Leber mit dem Rotwein ablöschen. Mindestens 3–5 Minuten garen lassen. Die Leber erst nach dem Braten salzen und pfeffern, da sie sonst hart wird.
3. Zeitgleich die Zwiebeln häuten und in dünne Ringe schneiden. In einer Pfanne mit heißem Butterschmalz anbräunen. Die Äpfel schälen, ebenfalls in dünne Scheiben schneiden, das Kerngehäuse entfernen und die Apfelringe anbraten. Anschließend die Leber zusammen mit den Zwiebel- und Apfelringen servieren.

Tipp: Dazu passt Kartoffelpüree oder ein frischer Salat.

Wildmaultaschen

Zutaten für 4 Personen: **1 Zwiebel / 1 Bund Petersilie / 30 g Butter / 300 g Wildhackfleisch / 100 g Kalbs- oder Bratwurstbrät / 1 Paar Landjäger (oder klein gewürfelter Speck) / 2 Eier / 1 Brötchen vom Vortag / Salz / Pfeffer / Muskat / 500 g ausgewellter Nudelteig (vom Bäcker oder aus dem Kühlregal)**

1. Die Zwiebel und die Petersilie klein schneiden, in der Butter dämpfen und mit dem Wildhackfleisch, dem Brät und den klein geschnittenen Landjägern vermengen. Die Eier und ein eingeweichtes und ausgedrücktes Brötchen dazugeben. Den Teig mit Salz, Pfeffer und Muskat würzen und kräftig durchkneten.
2. Den Nudelteig auf eine Arbeitsfläche legen und etwa 30 Zentimeter lange Platten abschneiden. Auf den Teig die Füllung in Häufchen (ca. 2 EL Füllung pro Häufchen) verteilen. Die Teigränder mit Wasser bestreichen. Mit einer zweiten Teigplatte bedecken und die Ränder gut andrücken. Nun die Maultaschen mit einem Teigrädchen abschneiden.
3. In 3–5 l siedendem Salzwasser die Wildmaultaschen 5–7 Minuten ziehen lassen.

Tipp: Wildmaultaschen schmecken in der Brühe oder mit einer Zwiebelschmälze und Salat.

›
Nicht nur für Schwaben: Wildmaultaschen

Wildschweingulasch mit Zwiebeln, Kräutern und Oliven

Zutaten für 4–6 Personen: 1 kg Wildschweingulasch / 4 El Butterschmalz oder Olivenöl / 1 kg kleine Zwiebeln / ¼ l kräftiger Rotwein / ¼ l Wildfond oder Fleischbrühe / 1 kg Tomaten (aus der Dose) / 200 g schwarze Oliven / Salz / Pfeffer / Zucker / 1 Bund Thymian / 1 Bund Bohnenkraut

1. Das Wildschweingulasch in dem Butterschmalz in einem großen Topf oder Bräter (mit Deckel) scharf anbraten. Die Zwiebeln schälen und vierteln, dazugeben und Farbe nehmen lassen.
2. Das Fleisch und die Zwiebeln mit dem Rotwein und dem Fond portionsweise ablöschen. Die geschälten und in mundgerechte Stücke zerteilten Tomaten und die Oliven hinzufügen. Mit Salz, Pfeffer und einer Prise Zucker würzen und 15 Minuten schwach köcheln lassen.
3. Die Thymianblättchen abzupfen, das Bohnenkraut fein hacken und beide Kräuter zu den übrigen Zutaten geben. Den Topf mit dem Deckel verschließen und im auf 200 °C vorgeheizten Backofen für 30–40 Minuten garen. Vorsichtig umrühren und servieren.

Tipp: Dieses Gulasch schmeckt sowohl als Eintopf mit Brot als auch mit Nudeln und grünem Salat.

>
Mit einem Hauch Mittelmeer: Wildschweingulasch mit Zwiebeln, Kräutern und Oliven

<
Wildschweinjagd (Der vollkommene teutsche Jäger, 1719)

Wildfondue mit Preiselbeer- und Hagebuttensauce

Für 600–800 g Wildfleisch in mundgerechten Stücken (vom Hirsch oder Reh; ebenso eignen sich Hasenfilet, Fasanen- und Wildentenbrüstchen)

Zutaten für 4 Personen: **1 Schalotte / 20 g Butter / 1 Knoblauchzehe / 1 Zweig Thymian / ¼ l Weißwein / 5 g getrocknete Steinpilze / 1 l Wildfond (aus dem Glas) oder Fleischbrühe / Salz und Pfeffer nach Bedarf**

1. Die fein gehackte Schalotte in Butter andünsten, die ganze Knoblauchzehe und den Thymian dazugeben.
2. Mit Weißwein ablöschen, die getrockneten Steinpilze hinzufügen und mit dem Wildfond aufgießen. 20 Minuten leicht köcheln lassen. Nach Bedarf salzen und pfeffern.

Zutaten für die Preiselbeersauce: **200 ml süße Sahne / 50 g Preiselbeerkonfitüre / Saft einer ½ Zitrone / Salz / Peffer**

Die Sahne schlagen und die Preiselbeerkonfitüre unterheben, dann mit Zitronensaft, Salz und Pfeffer abschmecken.

Zutaten für die Hagebuttensauce: **200 g Hagebuttenkonfitüre oder Hägenmark / 1 EL Weißweinessig / Chilipulver (nach Geschmack) / Salz**

Die Hagebuttenkonfitüre mit Essig und Chilipulver verrühren und mit Salz abschmecken.

Tipp: Nach dem Fondue die Brühe durch ein Haarsieb seihen, eventuell mit einem Schuss Cognac würzen und als Suppe servieren.

Tauben auf Jägerart

Zutaten für 4 Personen: **4 Tauben / Salz / Pfeffer / 40 g Butterschmalz / 4 Karotten / 4 Stängel Staudensellerie / 1 Zwiebel / 200 g Champignons / 4 cl Cognac / 250 ml Fleischbrühe**

1. Die gesäuberten Tauben salzen und pfeffern und mit Butterschmalz in einer Kasserolle von allen Seiten anbraten. Herausnehmen.
2. Im Bratensatz das fein gewürfelte Gemüse glasig werden lassen. Dabei die Pilze mitanbraten. Mit Cognac und Fleischbrühe ablöschen und die Tauben auf das Gemüsebett setzen.
3. In dem auf 200 °C vorgeheizten Backofen (mittlere Schiene) 30–40 Minuten (je nach Alter der Tauben) garen. Noch einmal mit Salz und Pfeffer abschmecken und servieren.

Tipp: Nudeln oder Brot sind ideale Begleiter.

> Eine besondere Delikatesse: Tauben auf Jägerart

Wildschweinpastete

Zutaten für 6–8 Personen: 750 g Wildschweinfleisch / 250 g Reh- oder Rinderleber / 6–8 Wacholderbeeren / 4 cl Zwetschgenwasser / 200 g Zwiebelwürfel / 100 g grüner Speck (frischer, unbehandelter Rückenspeck vom Hausschwein) / 1 Brötchen / 2 Eier / 1 TL Piment (Nelkenpfeffer) / 1 TL getrockneter Majoran / Salz / Pfeffer / 200 g geräucherter fetter Speck in dünnen Scheiben

1. Das Wildschweinfleisch und die Leber grob würfeln und mit den Wacholderbeeren und dem Zwetschgenwasser für mindestens 8 Stunden abgedeckt im Kühlschrank ziehen lassen.
2. Die Zwiebelwürfel, den grünen Speck und ein eingeweichtes und ausgedrücktes Brötchen mit dem marinierten Wildfleisch durch den Fleischwolf drehen. (Je nach Geschmack dreht man die Zutaten durch eine feine oder grobe Scheibe des Fleischwolfs.)
3. Den Fleischteig mit den Eiern gut vermengen, mit Piment, Majoran, Salz und Pfeffer kräftig würzen. Eine feuerfeste Form mit den Speckscheiben auslegen und die Fleischmasse einfüllen, abschließend mit den restlichen Speckscheiben bedecken. Die feuerfeste Form mit Alufolie oder einem Deckel verschließen.
4. Im vorgeheizten Backofen (mittlere Schiene) 60–70 Minuten bei 180 °C backen (die Backzeit richtet sich nach der Höhe der feuerfesten Form). Abkühlen lassen und kalt aufschneiden.

Tipp: Hierzu passt Ackersalat oder ein süßes Kompott aus getrockneten Pflaumen.

Wachteln am Spieß

> Schnell gemacht, aber sehr delikat: Wachteln am Spieß.

Zutaten für 4 Personen: 8 Wachteln (gewaschen und ausgenommen) / Salz / Pfeffer / 8 Speckscheiben / 80 g Butter / 8 Weißbrotscheiben, daumendick

1. Die Wachteln innen und außen mit Salz und Pfeffer einreiben. Die Speckscheiben um die Wachteln wickeln und mit einem Küchengarn fixieren.
2. Butterflöckchen auf den Wachteln verteilen und alle Wachteln auf einen Grillspieß stecken. Am Spieß knusprig braun grillen (je nach Hitze 8–12 Minuten).
3. Die Weißbrotscheiben in der restlichen Butter rösten.
4. Die Wachteln vorsichtig vom Spieß abziehen und auf dem Weißbrot servieren.

Tipp: Dazu passt ein frischer, bunter Frühlingssalat.

Bayerische Wildfleischpflanzerln

Sehr festes Muskelfleisch oder Wildbret von älteren Tieren eignet sich besonders.

Zutaten für 4 Personen: **20 g Butter / 1 Zwiebel / 1 Bund Petersilie / 1 Bund Majoran (ersatzweise 1 EL getrockneter Majoran) / 500 g Wildfleisch (vom Reh-, Rot- oder Schwarzwild) / 1 Semmel / 1 Ei / Muskat / Pfeffer / Salz / Butter zum Braten**

1. Die Butter zerlassen und die fein gehackte Zwiebel, die Petersilie und den Majoran kurz andünsten.
2. Das durch den Fleischwolf gedrehte Wildfleisch mit einer eingeweichten und ausgedrückten Semmel, mit der Zwiebel, der Petersilie und dem Majoran vermischen.
3. Dem Fleischteig ein Ei zugeben und den Teig mit Muskat, Pfeffer und Salz würzen. Runde Fleischküchlein formen, diese etwas plattdrücken und in Butter braun ausbacken.

Tipp: **Dazu passt besonders gut Kartoffelsalat.**

<
Rustikal, aber lecker: Bayerische Wildfleischpflanzerln

>
Das Reh (Der Dianen hohe und niedere Jagdgeheimnisse, 1734)

Spezialitäten

Rehherz mit frischem Meerrettich auf Feldsalat

Zutaten für 2–3 Personen: 2 küchenfertige Rehherzen / Salz / Pfeffer / 200 g Feldsalat / 100 g frisch geriebene Meerrettichwurzel

1. Die Rehherzen in 1 l Salzwasser eine Stunde köcheln lassen. Dann herausnehmen, aufschneiden, salzen und pfeffern.
2. Den Feldsalat auf Tellern anrichten und die Herzen darauf legen. Anschließend die geriebene Meerrettichwurzel darüberstreuen und servieren.

Rehlecker (Rehzunge)

Zutaten für 4 Personen: 1 Zwiebel / 2 Nelken / 2 Lorbeerblätter / 2 Rehzungen / 1 Bund Suppengrün / Salz / Pfeffer

1. Die Zwiebel mit den Nelken und den Lorbeerblättern spicken. Die Rehzungen für mindestens eine Stunde mit der gespickten Zwiebel und dem geputzten und klein geschnittenen Suppengrün in Salzwasser (ca. 1,5 l) kochen.
2. Die Zungen häuten und der Länge nach aufschneiden. Die Brühe durch ein Haarsieb abseihen und mit Salz und Pfeffer würzen.

Dazu zwei Saucen zur Auswahl:

Helle Sauce mit Kapern

Zutaten: 40 g Butter / 2 EL Mehl / 1 l Zungenbrühe (siehe oben) / 100 ml Schlagsahne / 30 g Kapern

Die Butter zerlassen und das Mehl einstreuen. Mit der Brühe und der Sahne ablöschen und die Flüssigkeit etwa 20 Minuten einkochen lassen. Zum Schluss die Kapern und das Zungenfleisch hinzugeben.

Dunkle Sauce mit Steinpilzen

Zutaten: 1 Karotte / 1 Petersilienwurzel / 2 Stück Stangensellerie / 1 Zwiebel / 60 g Butter / 2 EL Mehl / ¼ l Trollinger oder ein anderer trockener Rotwein / ½ l Zungenbrühe (siehe oben) / 100 g frische Steinpilze / Salz / Pfeffer / 1 Schuss Balsamico-Essig

1. Das klein geschnittene Gemüse in 40 g Butter anbraten und mit Mehl bestäuben. Zu einer dunklen Mehlschwitze anrösten. Mit dem Trollinger und der Brühe ablöschen und 20 Minuten köcheln lassen. Anschließend pürieren.
2. Die gesäuberten Steinpilze in dünne Scheiben schneiden und in der restlichen Butter kurz anbraten.
3. In die passierte Sauce die Rehzungenstücke geben, salzen, pfeffern und mit einem Schuss Essig abschmecken. Die Steinpilze darüberstreuen.

Tipp: Bratkartoffeln oder frisches Bauernbrot passen sehr gut zu dieser Sauce.

< Meerrettich passt hervorragend zu Rehherz.

Hasenauflauf

Zutaten für 4–6 Personen: 1 kg Hasenfleisch / 300 g Kalbfleisch / 150 g durchwachsener Speck / 1 Zwiebel / 1 Bund Petersilie / 100 g Pfifferlinge / 2 Eier / 300 ml Schlagsahne / Salz / Pfeffer / Muskat / geriebene Schale einer ½ Zitrone / 1 Zweig Thymian / 20 g Butter

1. Das parierte Hasen- und Kalbfleisch, den Speck, die Zwiebel, das Bund Petersilie und die gewaschenen Pfifferlinge zweimal durch den Fleischwolf drehen.
2. Mit den Eiern und der Schlagsahne zu einem Teig vermischen und mit Salz, Pfeffer, Muskat, der geriebenen Zitronenschale und den Thymianblättchen würzen und im Mixer mixen.
3. Eine Puddingform ausbuttern, die Teigmasse einfüllen und für eine Stunde kalt stellen.
4. Die Puddingform in ein Wasserbad stellen, mit kochendem Wasser bis kurz unter den Rand aufgießen und in den Ofen schieben. Bei schwacher Hitze (120–150 °C) etwa zwei Stunden garen lassen. Mit einer Stricknadel prüfen, ob der Pudding fertig ist. Abkühlen lassen, vorsichtig stürzen und warm servieren.

Rehleberspätzle

Zutaten für 4 Personen: 1 Zwiebel / 1 Bund Petersilie / 80 g Butter / 250 g Mehl / 2 Eier / 250 g Rehleber / Salz / Pfeffer / Muskatnuss / ca. 3–4 EL Semmelbrösel

1. Die Zwiebel und die Petersilie klein hacken und mit 20 g Butter in einer Pfanne kurz andünsten.
2. In einer Schüssel das Mehl, die Eier und die zweimal durch den Fleischwolf gelassene Rehleber zu einem Teig verrühren. Mit Salz, Pfeffer und Muskatnuss würzen und die gedünstete Zwiebel mit der Petersilie dazugeben.
3. Den Teig so lange „schlagen", bis er Blasen wirft. Mindestens ½ Stunde ruhen lassen. (Ist der Teig zu dünnflüssig, noch etwas Mehl dazugeben; ist er zu fest, mit Wasser verdünnen.)
4. In einem großen Topf Wasser mit Salz zum Kochen bringen und das Spätzlebrett nass machen. Portionsweise den Teig auf dem Spätzlebrett dünn aufstreichen und mit einem Schaber oder einer Palette dünne Spätzle in das siedende Wasser schaben. Wenn die Spätzle an die Wasseroberfläche kommen, nimmt man sie mit einem Schaumlöffel heraus und schwenkt sie in heißem Wasser.
5. Auf einer Platte anrichten und in der restlichen Butter Semmelbrösel anrösten und über die Spätzle verteilen.

Tipp: Zu den Rehleberspätzle serviert man schwäbischen Kartoffelsalat oder Sauerkraut.

> Eine feine Vorspeise für ein rustikales Essen: Rehleberspätzle

Gans.

Enten.

Wildgansterrine

Zutaten für 4 Personen: 1 große Zwiebel / 80 g Gänseschmalz / Leber, Herz und Niere von der Wildgans / 1 Bund Petersilie / 4 EL Semmelbrösel / 1 Apfel / Salz / Pfeffer / 1 TL Salbeiblätter / 1 TL Majoranblätter / 750 g gebratenes Wildgansfleisch (man kann auch Reste nehmen) / 250 g Schweinebraten / 100 g gekochter Schinken / 2 Eigelb / 1 Glas Cognac

1. Die Zwiebel schälen und würfeln, in 40 g Gänseschmalz glasig dünsten.
2. Die klein geschnittene Leber und die Gänseinnereien dazugeben, die klein geschnittene Petersilie und die Semmelbrösel, ebenso den geraspelten Apfel unter ständigem Rühren dazugeben. Mit Salz und Pfeffer würzen. Zum Schluss die frischen, klein geschnittenen Salbei- und Majoranblätter unterheben. Zur Seite stellen.
3. Das Wildgansfleisch, das Schweinefleisch und den Schinken zweimal durch den Fleischwolf drehen.
4. Nochmals abschmecken und mit 2 Eigelb und einem Glas Cognac verrühren. Beide Massen miteinander vermengen und in eine Pastetenform einfüllen und glatt streichen.
5. Zum Schluss das restliche heiße Gänseschmalz über die Masse gießen. Im Kühlschrank über Nacht durchziehen lassen.

Tipp: Diese Wildgansterrine hält sich eine Woche lang im Kühlschrank und ist ein köstlicher Brotaufstrich zu einem kernigen Bauernbrot.

< Wildgans und -ente (Der vollkommene teutsche Jäger, 1719)

Rehnieren

Zutaten für 2–3 Personen: 4–6 Rehnieren / 60 g Butter / $\frac{1}{8}$ l Rotwein / 1 TL Balsamico-Essig / 1 EL Crème fraîche / 1 TL Majoranblätter / 500 g Pfifferlinge / Salz / Pfeffer

1. Die Rehnieren häuten, der Länge nach aufschneiden und in 40 g Butter anbraten. Mit dem Rotwein ablöschen und den Balsamico-Essig, die Crème fraîche und die Majoranblätter einrühren. Zur Seite stellen und warm halten.
2. Währenddessen die Pfifferlinge gründlich putzen und halbieren. In der restlichen Butter dünsten und zu den Rehnieren servieren. Erst ganz zum Schluss salzen und pfeffern, da sonst die Rehnieren hart werden.

Tipp: Dazu passen Bratkartoffeln.

Wildsalami

Wildsalami ist eine ungewöhnliche Delikatesse und eine originelle Möglichkeit, größere Mengen Wildfleisch zu verarbeiten und haltbar zu machen. Grundsätzlich kann man Rot-, Dam-, Gams-, Muffel- und Schwarzwild oder Hase für eine Wildsalami verwenden. Dabei wird das ganze Wildbret außer Lunge, Herz, Leber und Nieren verarbeitet.
Die Knochen werden von dem Wildbret gelöst und die Häute entfernt. Man schneidet alles in kleine Stücke und dreht das Wildbret durch die grobe Scheibe des Fleischwolfs. Die Fleischmasse wird mit einem Drittel fettem Speck versetzt, der ebenfalls durch den Fleischwolf gedreht wird. Alles gut durchkneten und mit Salz, Pfeffer, Senfkörnern, einer Prise Muskat, Nelkenpfeffer und eventuell einem Schuss Kirschwasser würzen. Genaue Mengenangaben sind nicht möglich; Fantasie ist beim Würzen gefragt.
Diese Masse muss man von einem Metzger (der am besten selbst Jäger ist) fachmännisch in Därme füllen lassen, dann lässt man die Rohsalami zwei Wochen abhängen. Anschließend muss die Wildsalami noch zwei Wochen geräuchert werden. Danach sollte man die Salami noch einmal vor dem ersten Anschnitt 2–5 Wochen an der Luft trocknen lassen.

Tipp: Je dicker die Därme sind, desto länger hält sich die Salami.

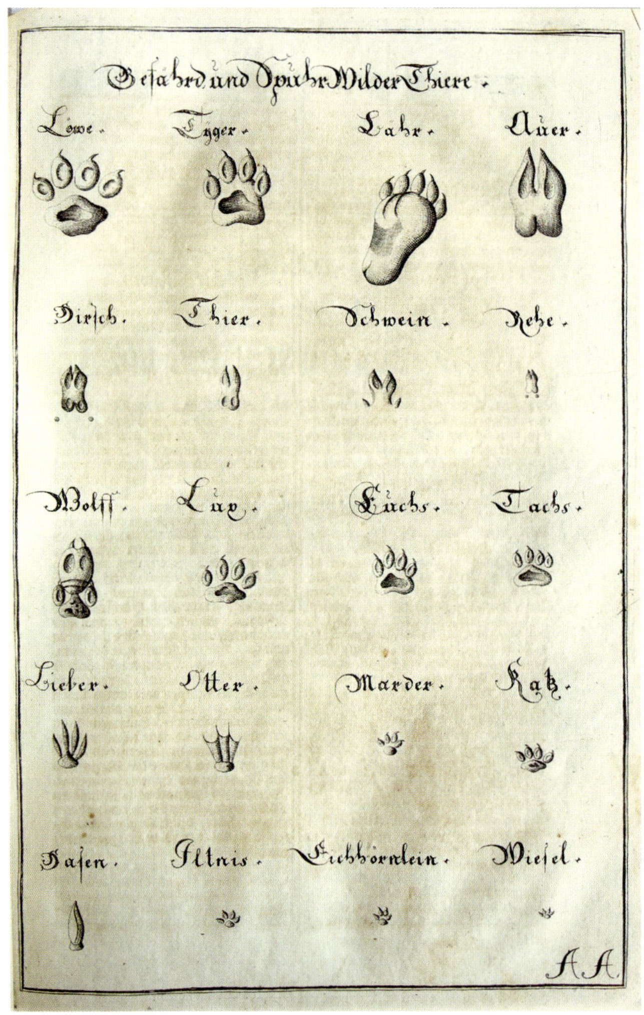

› Eine Delikatesse: Salami und Wurst aus Wildfleisch

‹ Wildfährten (Der vollkommene teutsche Jäger, 1719)

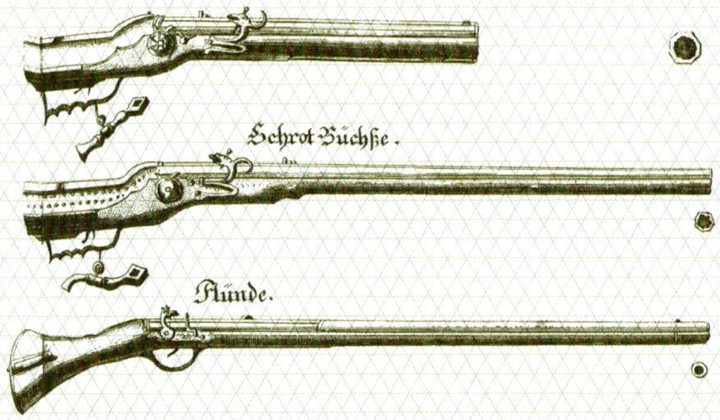

Anhang

Menüvorschläge

Menü für alle Tage

→| Wildomelett mit grünen Salatblättern
oder Gebunde Wildsuppe mit Pilzen
→| Wildschweingulasch mit Zwiebeln, Kräutern und Oliven
→| Zum Nachtisch z.B. Erdbeeren mit Sahne

Rustikales Menü

→| Bohnen-Wildeintopf
→| Bayerische Wildfleischpflanzerln
→| Zum Nachtisch z.B. Apfelstrudel oder Kaiserschmarrn mit Apfelkompott

Leichtes Menü

→| Grüner Salat mit rosa gebratenem Rehfilet
→| Schnepfe in Curryzitronensauce
→| Zum Nachtisch z.B. frische Früchte

Fruchtiges Menü

→| Wildtaube mit Schokoladenfeigen
→| Fasan mit allerlei Früchten
→| Zum Nachtisch z.B. ein Obstsalat aus ausgewählten exotischen Früchten

Festliches Menü

→| Gebratene Wildtäubchen
→| Feine Fasanen-Consommmé
oder Festliche Rote-Bete-Suppe mit Reheinlage
→| Festliche Hirschmedaillons mit Kirschen, Zimt und Walnüssen
oder Festlicher Rehrückenbraten
→| Zum Nachtisch z.B. eine Kombination aus verschiedenen festlichen Mousse-Sorten, etwa Orangen-Basilikum-Mousse, Zimtmousse etc.

Restemenü

→| Wildpastetchen aus Wildbretresten
→| Treibjagd-Eintopf
→| Wildgansterrine
→| Zum Nachtisch z.B. Früchte der Saison oder Vanillepudding

< S. 102:
Jäger machen Pause bei der Jagd (La Vénerie de Jacques de Fouilloux, 1650)

>
Titelblatt von „Der Dianen hohe und niedere Jagdgeheimnisse“ (1734)

Der
Dianen
hohe und Nieder
Jagt
geheimniß

Register der Rezepte

Alphabetisches Register

B

Bayerische Wildfleischpflanzerln 93
Bayerischer Gamsbraten 75
Bohnen-Wildeintopf 62
Brombeer- und Walderdbeerblättertee 24
Butter- oder Sauermilchbeize 42

E

Essigmarinade 44

F

Fasan mit allerlei Früchten 70
Feine Fasanen-Consommé 61
Fencheltee 27
Frikassee vom Wildkaninchen 70
Frischlingsrückeneintopf mit Kartoffeln, Petersilienwurzeln und Lauch 64

G

Gämsenpfeffer 76
Grüner Salat mit rosa gebratenem Rehfilet 48

H

Hagebuttentee 24
Hamburger Wildsalat 54
Hasenauflauf 96
Gegrillte Hasenleber 48
Raffinierter Hasenrücken 79
Hirschedelgulasch mit Semmelsoufflé 71
Festliche Hirschmedaillons mit Kirschen, Zimt und Walnüssen 69
Hirschroastbeef 47
Eingelegter Hirschrücken 52
Hubertustopf 66

> Verschiedene Jagdhunde (Der vollkommene teutsche Jäger, 1719)

Frantzösich Par Force Hünd.

Englischer Par Force Hünd.

Pohlnischer Jagd Hünd.

Teütscher Jagd Hünd.

uu.

I

Indischer Fasan **80**

J

Jägerpunsch **27**

K

Koteletts vom Frischling **69**

L

Lindenblütentee **27**

O

Öl-Kräuter-Gewürz-Marinade **42**

R

Ragout mit Rehleber **72**
Ravioli mit Wildfleischfüllung **50**
Rebhuhn in Senf-Dill-Sauce **79**
Rehherz mit frischem Meerrettich auf Feldsalat **95**
Rehleber mit Apfel- und Zwiebelringen **84**
Rehleberspätzle **96**
Rehlecker (Rehzunge) **95**
Rehnieren **99**
Festlicher Rehrückenbraten **83**
Rehschnitzel mit gebratenen Äpfeln und Speck **72**
Festliche Rote-Bete-Suppe mit Reheinlage **62**
Rotweinmarinade **44**

S

Sanddornshake **28**
Sauermilchbeize **42**
Schnepfe in Curryzitronensauce **80**

T

Tauben auf Jägerart **88**
Treibjagd-Eintopf **64**

W

Wachteln am Spieß **90**
Gefüllte Wildente **76**
Wildererpunsch **28**
Wildfondue mit Preiselbeer- und Hagebutten-sauce **88**
Wildgansterrine **99**
Wildgeflügelcreme **57**
Wildhasenfilet in Tomatensauce **50**
Wildhasensuppe mit Holunder **61**
Wildkaninchen mit Pflaumen **83**
Lauwarmer Wildkaninchensalat **52**
Wildkraftbrühe mit Sherry und Gemüseeinlage **66**
Wildmaultaschen **84**
Wildomelett mit grünen Salatblättern **57**
Wildpastetchen aus Wildbretresten **48**
Wildsalami **100**
Wildschweingulasch mit Zwiebeln, Kräutern und Oliven **86**
Feine Wildschweinlende mit Pflaumen **75**
Wildschweinpastete **90**
Gebundene Wildsuppe mit Pilzen **65**
Gebratene Wildtäubchen **47**
Wildtaube mit Schokoladenfeigen **54**

> Die Arbeit mit dem Jagdhund (Der vollkommene teutsche Jäger, 1719)

Zucht des Leith Hundes.

Arbeit des Leith hundes.

Register nach Wildsorten und Kategorien

Gämse

Bayerischer Gamsbraten 75
Gämsenpfeffer 76

Geflügel

Fasan mit allerlei Früchten 70
Feine Fasanen-Consommé 61
Indischer Fasan 80
Rebhuhn in Senf-Dill-Sauce 79
Schnepfe in Curryzitronensauce 80
Tauben auf Jägerart 88
Wachteln am Spieß 90
Gefüllte Wildente 76
Wildgansterrine 99
Wildgeflügelcreme 57
Gebratene Wildtäubchen 47
Wildtaube mit Schokoladenfeigen 54

Kaninchen

Frikassee vom Wildkaninchen 70
Wildkaninchen mit Pflaumen 83
Lauwarmer Wildkaninchensalat 52

Hase

Hasenauflauf 96
Gegrillte Hasenleber 48
Raffinierter Hasenrücken 79
Wildhasenfilet in Tomatensauce 50
Wildhasensuppe mit Holunder 61

Reh

Grüner Salat mit rosa gebratenem Rehfilet 48
Hamburger Wildsalat 54
Ragout mit Rehleber 72
Rehherz mit frischem Meerrettich auf Feldsalat 95
Rehleber mit Apfel- und Zwiebelringen 84
Rehleberspätzle 96
Rehlecker (Rehzunge) 95
Rehnieren 99
Festlicher Rehrückenbraten 83
Rehschnitzel mit gebratenen Äpfeln und Speck 72
Festliche Rote-Bete-Suppe mit Reheinlage 62

Hirsch

Hirschedelgulasch mit Semmelsoufflé 71
Festliche Hirschmedaillons mit Kirschen, Zimt und Walnüssen 69
Hirschroastbeef 47
Eingelegter Hirschrücken 52
Hubertustopf 66

Wildschwein

Frischlingsrückeneintopf mit Kartoffeln, Petersilienwurzeln und Lauch 64
Koteletts vom Frischling 69
Wildschweingulasch mit Zwiebeln, Kräutern und Oliven 86
Feine Wildschweinlende mit Pflaumen 75
Wildschweinpastete 90

Gemischte Wildfleischsorten

Bayerische Wildfleischpflanzerln 93
Bohnen-Wildeintopf 62
Ravioli mit Wildfleischfüllung 50
Treibjagd-Eintopf 64
Wildfondue mit Preiselbeer- und Hagebuttensauce 88
Wildkraftbrühe mit Sherry und Gemüseeinlage 66
Wildmaultaschen 84
Wildomelett mit grünen Salatblättern 57
Wildpastetchen aus Wildbretresten 48
Wildsalami 100
Gebundene Wildsuppe mit Pilzen 65

Getränke

Brombeer- und Walderdbeerblättertee 24
Fencheltee 27
Hagebuttentee 24
Jägerpunsch 27
Lindenblütentee 27
Sanddornshake 28
Wildererpunsch 28

Marinaden und Beizen

Butter- oder Sauermilchbeize 42
Essigmarinade 44
Öl-Kräuter-Gewürz-Marinade 42
Rotweinmarinade 44

Literaturtipps

Aichholzer, Doris: „Wildu machen ayn guet essen ...". Drei mittelhochdeutsche Kochbücher. Erstedition, Übersetzung, Kommentar, Bern, Wien 1999.
Benker, Gertrud: In alten Küchen. Einrichtung – Gerät – Kochkunst, München 1987.
Blase, Richard/Pettinger, Franz: Die Jägerprüfung, das Lehr-, Lern- und Nachschlagewerk für Jäger, Melsungen 1988.
Boehncke, Heiner/Sarkowicz, Hans: Bayerns böse Buben – von Wildschützen und Räubern zwischen Main und Königssee, Frankfurt am Main 1997.
Döbels, Heinrich Wilhelm: Jäger-Practica oder der wohlgeübte und erfahrene Jäger, Leipzig 1746.
Eckardt, Hans Wilhelm: Herrschaftliche Jagd, bäuerliche Not und bürgerliche Kritik: zur Geschichte der fürstlichen und adeligen Jagdprivilegien, vornehmlich im südwestdeutschen Raum, Göttingen 1976.
Froidl, Ilse: Böhmische Spezialitäten, München 1980.
Hobusch, Erich: Das große Halali, Leipzig 1978.
Nebelthau, Otto: Vom heiteren Kochen, München 1949.
Stuber, Hedwig Maria: Ich helf Dir kochen, München 1973.
Tapper, Hans: Tranchieren und andere Arbeiten am Tisch des Gastes, Stuttgart 1994.
Zabert, Arnold: Kochen. Die neue große Schule, Taufkirchen 1991.
Zentner, Christian u.a. (Hg.): Für den Jäger. Auf Dichters Spuren durch Wald und Fluren, München 1988.

Danksagung

Die Autoren danken: Dieter Dobler (Forstdirektor a.D.), Johannes Schempp (Oberförster) und Hubert Fagner (Jäger) für ihre waidmännische Beratung.
In kulinarischer Hinsicht danken wir: Christa Fagner für die bayerischen Rezepte, Anke Lutz für die schwäbische Hausmannskost, Gerda und Johannes Schempp für Beratung, Besteck und Service, Annette Scheuermann für Rezeptanregungen, Rosabianca Tagliapietra für den italienischen Gusto, Jörg Knapp für die Rezepte aus alpinen Hochlagen, Gerhard Rywotzki für die bereit gestellten Weinproben und Isabelle Zenk für die Übersetzung der italienischen Familienrezepte.
Unser besonderer Dank gilt unserer Lektorin Janina Drostel.

Bildnachweis

Conny Marx: 8;
Finken & Bumiller, Stuttgart: 20,26, 43, 45, 51, 63, 67, 73, 78, 85, 87, 89, 91, 92, 97, 101;
Kriemhild Finken: 32, 33, 94;
Photocase: 6 (© mafied), 40 (© Volker Stosberg);
Stadtbibliothek Trier: 25;
The Bridgeman Art Library: 11, 17, 18;
Württembergische Landesbibliothek, Stuttgart: 13, 14, 23, 28, 31, 34, 36, 37, 38, 39, 44, 46, 49, 53, 55, 56, 58/59, 60, 65, 68, 74, 77, 81, 82, 86, 93, 98, 100, 102, 105, 107, 109.

Der Verlag dankt allen Rechteinhabern für die freundliche Genehmigung zum Nachdruck. Besonderer Dank geht an Herrn Dr. Eberhard Zwink, den Leiter der Abteilung Alte und Wertvolle Drucke der Württembergischen Landesbibliothek Stuttgart, für seine fachkundige Unterstützung.